David E. McAdams

Sviluppo piano di poliedri: Libro progetto

Una introduzione pratica alla geometria tridimensionale con sviluppo piano di poliedri con le istruzioni.

by David E. McAdams
http://www.demcadams.com

Copyright © 2015 by Life Is A Story Problem LLC, Colorado Springs, Colorado. All right reserved. Nessuna parte di questa pubblicazione può essere riprodotta, memorizzata in un sistema di recupero o trasmessa in qualsiasi forma e con qualsiasi mezzo senza l'espresso consenso scritto del proprietario del copyright, ad eccezione di brevi citazioni contenuti nel articoli o riviste.

L'autorizzazione limitata a copiare per uso didattico. Il permesso è concesso per singole pagine di questo libro da copiare per, solo per uso didattico non commerciale incidentale, secondo la regola un libro: un prodotto deve essere acquistato per ogni insegnante i cui studenti utilizzerà questo materiale. Per casa-scolare, un prodotto deve essere acquistato per genitore insegnare a un gruppo di bambini.

Merito immagine

Tutte le sviluppo piano di poliedri sono di David E. McAdams.

Tutte le illustrazioni sono da David E. McAdams se non diversamente specificato qui.

- **Cono** – LucasVB. Situato nel dominio pubblico dall'artista.
- **Dodecaedro simo** – Tom Ruen. Situato nel dominio pubblico dall'artista.
- **Cubottaedro troncato** – Svmolen. Situato nel dominio pubblico dall'artista.
- **Dodecaedro troncato** – Harkonnen2. Situato nel dominio pubblico dall'artista.
- **Icosaedro troncato** – Svmolen. Situato nel dominio pubblico dall'artista.
- **Ottaedro troncato** – InductiveLoad. Situato nel dominio pubblico dall'artista.

Sommario

- Iniziare..1
- Antiprisma triangolare dielongata..3
- Cono...5
- Cubo...7
- Cubottaedro..9
- Cilindro..11
- Antiprisma decagonale..13
- Prisma decagonale...15
- Icositetraedro trapezoidale...17
- Dado..19
- Esacisottaedro...21
- Dodecaedro regolari..23
- Cupola pentagonale elongata...25
- Dipiramide elongata pentagonale..27
- Piramide pentagonale elongata..29
- Dipiramide elongata quadrata..31
- Piramide quadrata elongata..33
- Antiprisma triangolare elongata..35
- Cupola triangolare elongata...37
- Bipiramide triangolare elongata..39
- Piramide triangolare elongata..41
- Tronco di piramide decagonal...43
- Tronco di piramide quadrata..45
- Tronco di piramide triangolare..47
- Grande dodecaedro..49
- Grande dodecaedro stellato..51
- Piramide pentagonale giroelongata...55
- Dipiramide giroelongata quadrata...57
- Prisma giroelongata quadrata...59
- Piramide giroelongata quadrata...61
- Pyramide ettagonale...63
- Ettaedro 4,4,4,3,3,3,3...65
- Ettaedro 5,5,5,4,4,4,3...67
- Ettaedro 6,6,4,4,4,3,3..69
- Prisma Esagonale..71
- Pyramide Esagonale...73
- Esaedro 4,4,4,4,3,3...75
- Esaedro 5,4,4,3,3,3..77
- Esaedro 5,5,4,4,3,3...79
- Icosaedro regolare..81
- Icosidodecaedro..83
- Piramide quadrata obliquo..85
- Antiprisma ottagonale..87
- Ottaedro regolare..89

Antiprisma pentagonale..91
Cupola pentagonale..93
Dipiramide pentagonale..95
Prisma pentagonale...97
Piramide pentagonale..99
Rotunda pentagonale...101
Prisma di una stella pentagonale...103
Piramide rettangolare..105
Prisma rombico...107
Rombicubottaedro...109
Piccolo rombicubottaedro...111
Piccolo dodecaedro stellato..115
Cubo simo...119
Dodecaedro simo..123
Antiprisma quadrata...127
Cupola quadrata..129
Pyramide quadrata..131
Trapezoedro quadrata...133
Stella octangula..135
Tetraedro regolare..137
Tetracisesaedro...139
Triacisottaedro..141
Triacistetraedro...143
Cupola triangolare..145
Dipiramide triangolare...147
Pentaedro triangolare...149
Prisma triangolare..151
Piramide triangolare obliquo...153
Cubo troncato...155
Cubottaedro troncato..157
Dodecaedro troncato..159
Icosaedro troncato..163
Icosidodecaedro troncato...169
Ottaedro troncato...175
Tetraedro troncato..177
Piramide pentagonale stellato retto..179
Trapezoedro quadrata troncato..181

Iniziare

Che cosa è una sviluppo piano di un poliedro?

Una sviluppo piano è un disegno geometrico piano che può essere piegato in una figura tridimensionale. Ad esempio, sei quadrati identici possono essere fatti in un cubo. Questo perché un cubo ha sei lati, che sono tutti identici piazze.

Ciascuno dei disegni di questo libro può essere ripiegato in un oggetto geometrico dimensionale tre. La maggior parte delle sviluppo piano piega in solidi con facce piane. Ci sono alcune eccezioni. Un cilindro può essere fatto da un rettangolo e due cerchi. Un cono può essere fatto da un cerchio e un triangolo con un fondo curvo.

Cosa tutte le parole nei nomi significano?

La maggior parte delle parole usate nei nomi dei tre forme solide tridimensionali sono state fatte dai Greci più di duemila anni fa. Matematici greci mettere insieme le parole per fare nomi per le forme. Alcune delle parole significano numeri. Per esempio è utilizzato 'Tetra' significare 'quattro'. Alcuni dei termini utilizzati sono:

antiprisma	un solido con poligoni per basi e si alternano, triangoli identici per le parti.
cupola	avere una cupola.
deca-	dieci.
decagon	un poligono piano con dieci lati.
deltoide	un oggetto a forma di aquilone con quattro lati.
trapezoidale	essendo fatto di oggetti a forma di aquilone per i fronti.
bipyramide	un solido che può essere fatta da 'incollaggio' il fondo dei due piramidi identici insieme.
elongata	un solido che inizia con un'altra forma, ma ha aggiunto rettangoli per renderlo più a lungo.
tronco	una piramide o un cono con la parte superiore tagliate.
giroelongata	in più l'aggiunta di un antiprisma alla base.
-edro	un solido i cui lati sono piatte.
icosi-	avere venti lati.
obliquo	non ad angolo retto.
otta-	otto.
prisma	un solido con poligoni per piani e fondi e rettangoli identici per le parti.
piramide	un solido con un poligono per un fondo e lati triangolari che vengono a un punto.
regolare	avere volti fatto di poligoni regolari identici.
rombico	contenente rombi per una o più facce.
rombo	una figura piana con quattro lati che non sono perpendicolari.
retto	la linea che unisce il centro della base e il centro della parte superiore è perpendicolare alla parte superiore e alla base; o una linea che collega il centro della base all'apice (punto) di una figura è perpendicolare alla base.

simo	passa da un'altra figura da un processo in tre fasi: la rettifica, troncamento, e alternanza.
stellato	avere le facce sostituite con una piramide che ha il volto come base.
tetra	quattro
triangolare	sulla base di un triangolo.
troncato	tagliati fuori

Quanto è difficile fare un solido da una sviluppo piano di un poliedro?

Alcuni di loro sono facili e alcuni sono difficili. In sostanza, i più lati una solida ha, più difficile è quello di costruire da una sviluppo piano. Inizia con quelle facili, e costruire fino a quelle dure.

Come faccio a costruire un modello di un solido da una una sviluppo piano di un poliedro?

Inizia facendo una copia della pagina su cui è disegnata la sviluppo piano. Se volete decorare la vostra sviluppo piano disegnando su di essa o di coloranti, farlo prima di tagliare fuori.

Quindi usare le forbici per tagliare con attenzione la rete lungo le linee continue. A volte due facce adiacenti avere la linea del disegno che deve essere tagliato. Questa linea sarà una linea continua.

Una volta che la forma è tagliato, iniziare a piegare lungo le linee tratteggiate. Usare piccoli pezzi di nastro adesivo trasparente per fissare i bordi insieme. Quando tutti i bordi sono nastrate insieme, la vostra forma è finito.

Antiprisma triangolare dielongata

1. Tagliare lungo le linee continue.
2. Piegare sulle linee punteggiate.
3. Piegare all'indietro sulle linee tratteggiate
4. Utilizzare nastro adesivo trasparente per fissare.

Se si vuole disegnare o colorare le sviluppo piano, farlo prima di nastro insieme. Se volete decorare mediante incollaggio sulle decorazioni, il nastro insieme prima.

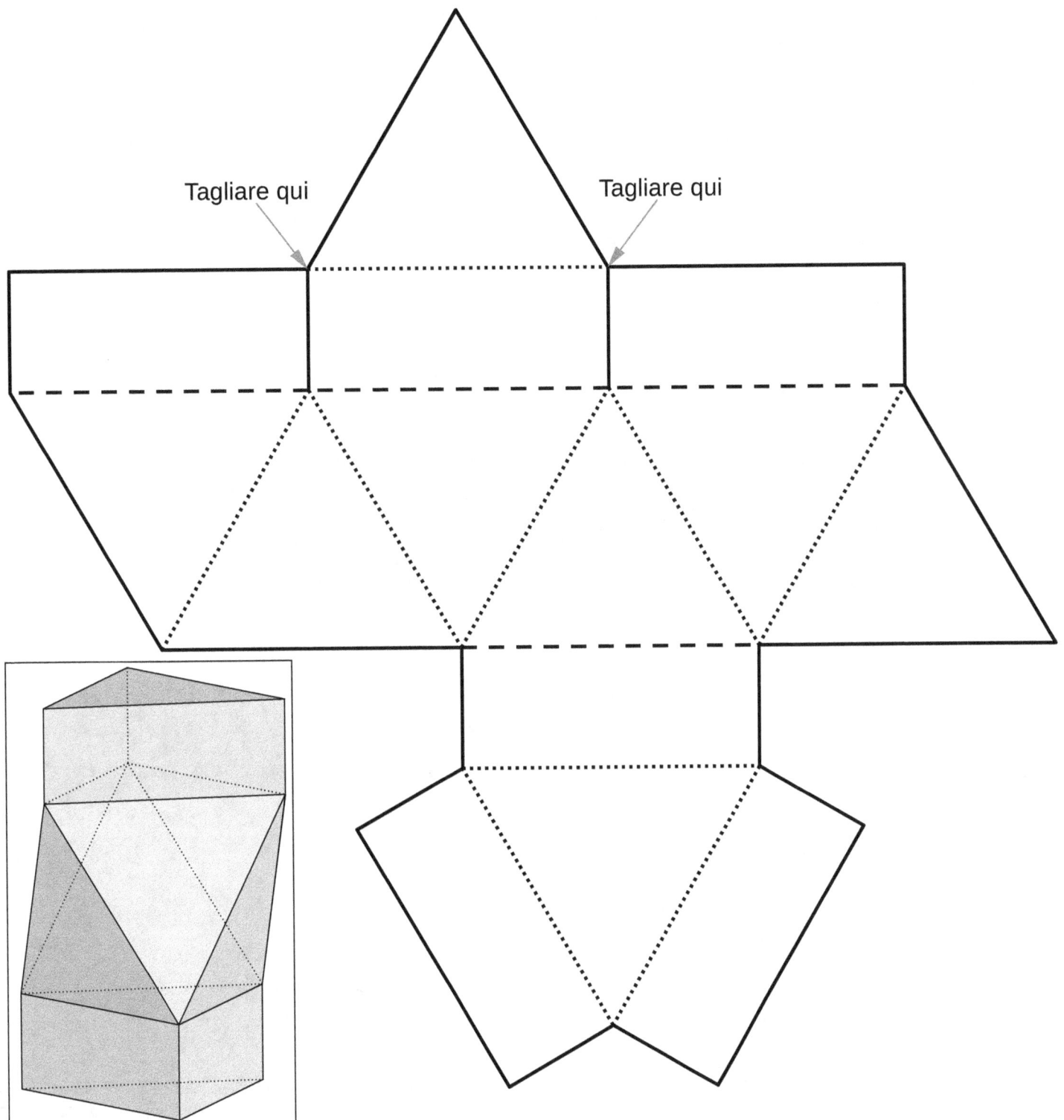

Tagliare qui   Tagliare qui

Sviluppo in piano di poliedri: Libro progetto

Copyright 2015. Può essere copiato per, solo per uso didattico non commerciale incidentale. Vedi nota di copyright per ulteriori informazioni.

Cono

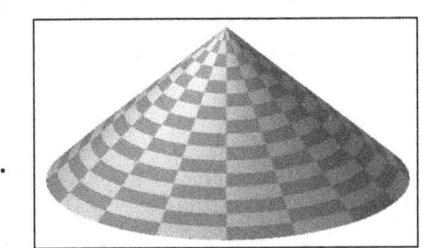

1. Tagliare lungo le linee continue. Non tagliare i due pezzi a parte.
2. Utilizzare nastro adesivo trasparente per fissare.

Se si vuole disegnare o colorare le sviluppo piano, farlo prima di nastro insieme. Se volete decorare mediante incollaggio sulle decorazioni, il nastro insieme prima.

Cubo

1. Tagliare lungo le linee continue.
2. Piegare sulle linee punteggiate.
3. Utilizzare nastro adesivo trasparente per fissare.

Se si vuole disegnare o colorare le sviluppo piano, farlo prima di nastro insieme. Se volete decorare mediante incollaggio sulle decorazioni, il nastro insieme prima.

Per ulteriori informazioni su cubi, vai a http://www.allmathwords.org/en/c/cube.html

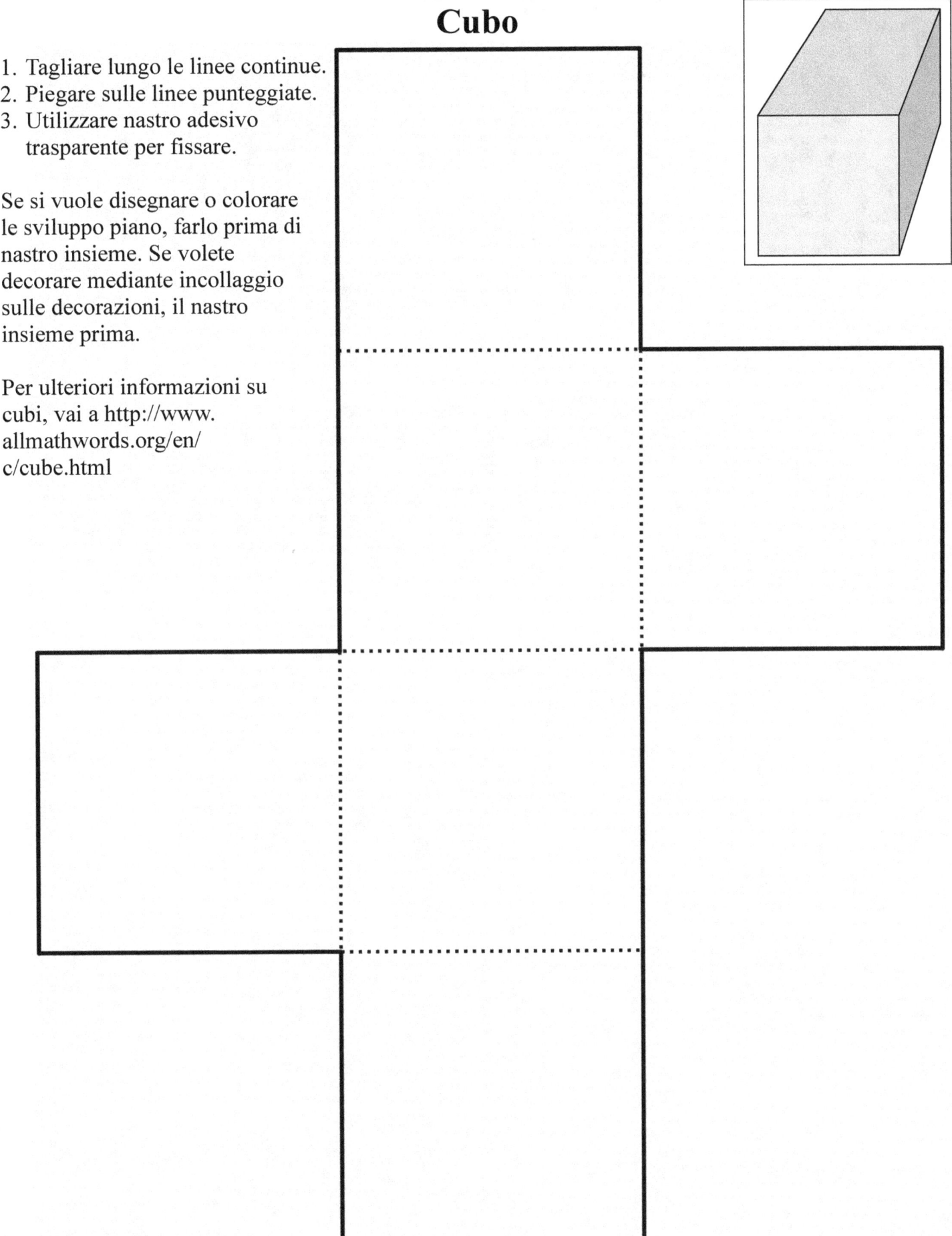

Cubottaedro

1. Tagliare lungo le linee continue.
2. Piegare sulle linee punteggiate.
3. Utilizzare nastro adesivo trasparente per fissare.

Se si vuole disegnare o colorare le sviluppo piano, farlo prima di nastro insieme. Se volete decorare mediante incollaggio sulle decorazioni, il nastro insieme prima.

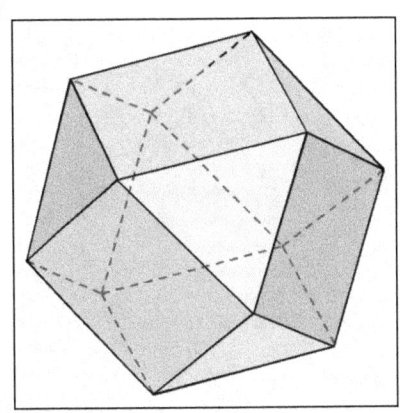

Cilindro

1. Tagliare lungo le linee continue. Cercate di non tagliare i cerchi fuori del rettangolo.
2. Rotolo il rettangolo in un cilindro.
3. Piegare i cerchi in giù in modo che corrisponda al cilindro.
4. Utilizzare nastro adesivo trasparente per fissare.

Se si vuole disegnare o colorare le sviluppo piano, farlo prima di nastro insieme. Se volete decorare mediante incollaggio sulle decorazioni, il nastro insieme prima.

Sviluppo in piano di poliedri: Libro progetto

Antiprisma decagonale

1. Tagliare lungo le linee continue.
2. Piegare sulle linee punteggiate.
3. Utilizzare nastro adesivo trasparente per fissare.

Se si vuole disegnare o colorare le sviluppo piano, farlo prima di nastro insieme. Se volete decorare mediante incollaggio sulle decorazioni, il nastro insieme prima.

Sviluppo in piano di poliedri: Libro progetto

Copyright 2015. Può essere copiato per, solo per uso didattico non commerciale incidentale. Vedi nota di copyright per ulteriori informazioni.

Prisma decagonale

1. Tagliare lungo le linee continue.
2. Piegare sulle linee punteggiate.
3. Utilizzare nastro adesivo trasparente per fissare.

Se si vuole disegnare o colorare le sviluppo piano, farlo prima di nastro insieme. Se volete decorare mediante incollaggio sulle decorazioni, il nastro insieme prima.

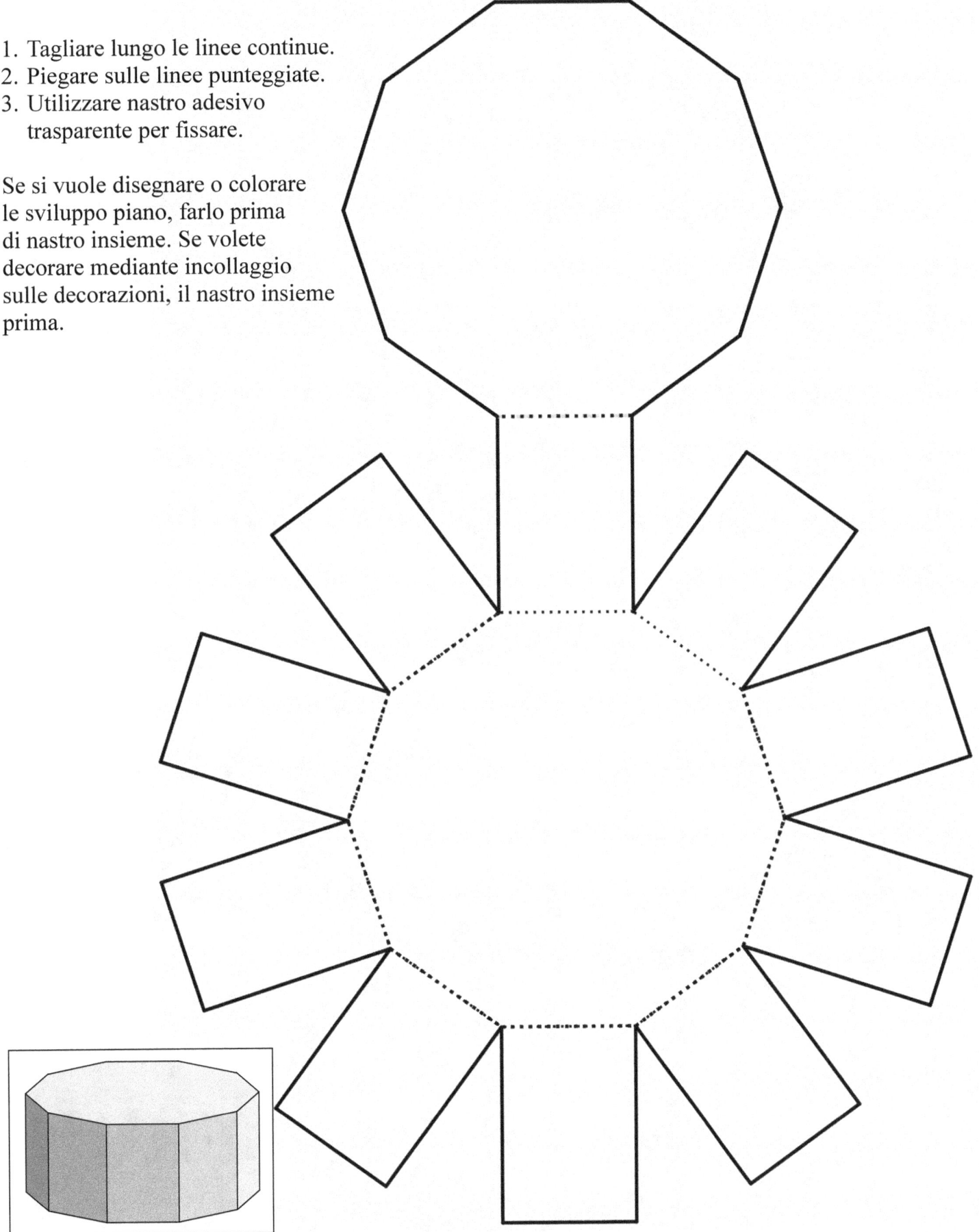

Sviluppo in piano di poliedri: Libro progetto

Icositetraedro trapezoidale

1. Tagliare lungo le linee continue.
2. Piegare sulle linee punteggiate.
3. Utilizzare nastro adesivo trasparente per fissare.

Se si vuole disegnare o colorare le sviluppo piano, farlo prima di nastro insieme. Se volete decorare mediante incollaggio sulle decorazioni, il nastro insieme prima.

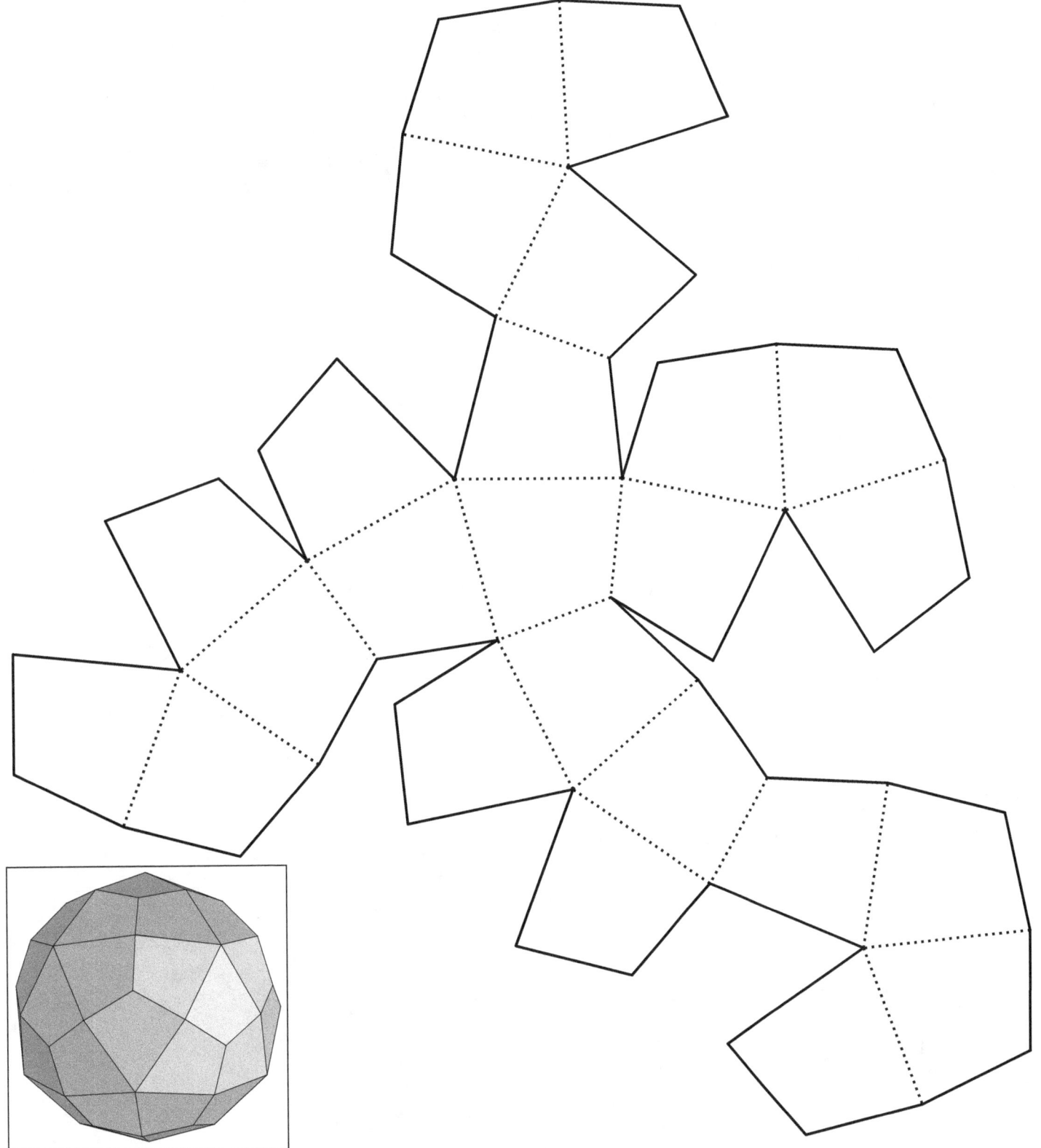

Sviluppo in piano di poliedri: Libro progetto

Dado

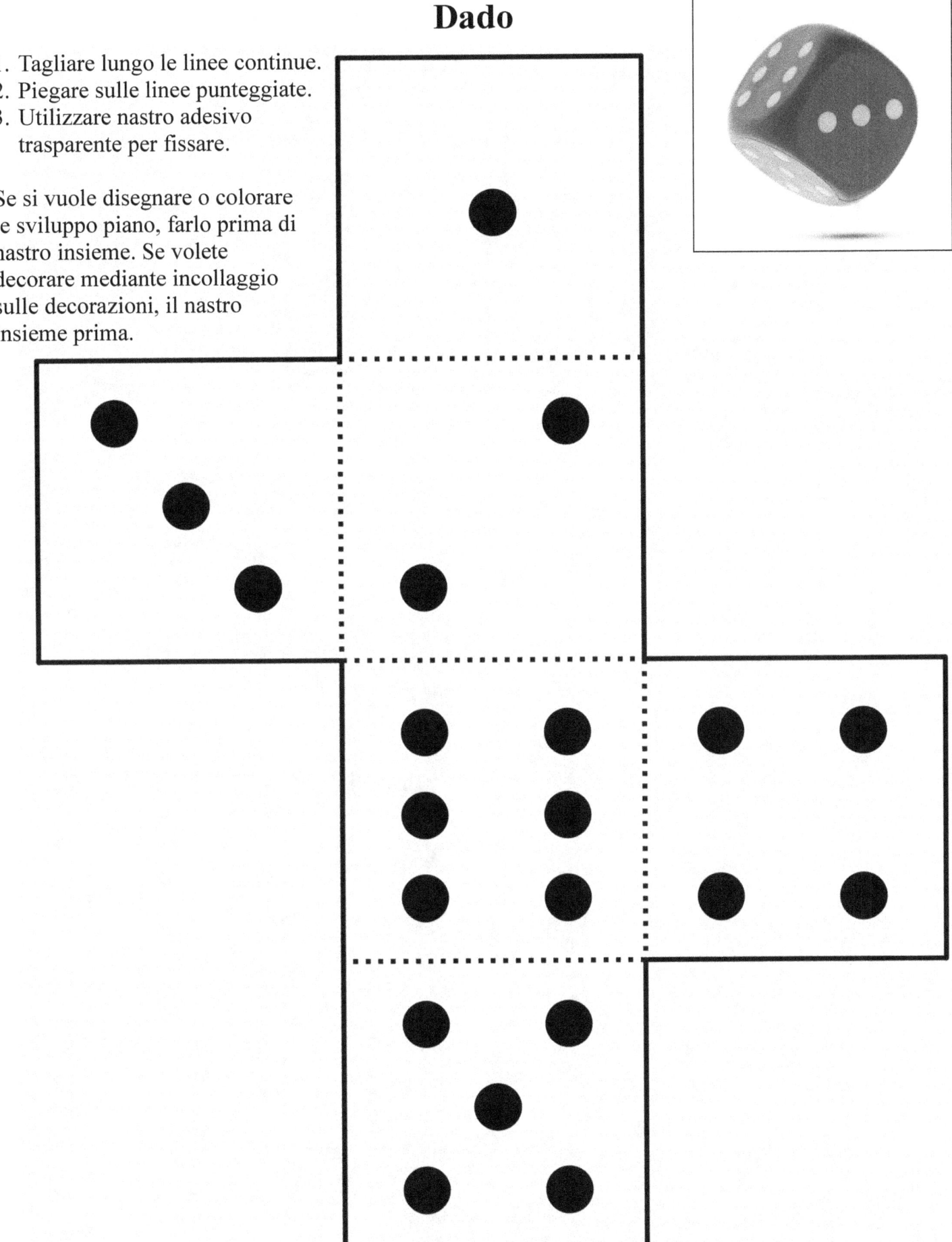

1. Tagliare lungo le linee continue.
2. Piegare sulle linee punteggiate.
3. Utilizzare nastro adesivo trasparente per fissare.

Se si vuole disegnare o colorare le sviluppo piano, farlo prima di nastro insieme. Se volete decorare mediante incollaggio sulle decorazioni, il nastro insieme prima.

Sviluppo in piano di poliedri: Libro progetto

Esacisottaedro

1. Tagliare lungo le linee continue.
2. Piegare sulle linee punteggiate.
3. Utilizzare nastro adesivo trasparente per fissare.

Se si vuole disegnare o colorare le sviluppo piano, farlo prima di nastro insieme. Se volete decorare mediante incollaggio sulle decorazioni, il nastro insieme prima.

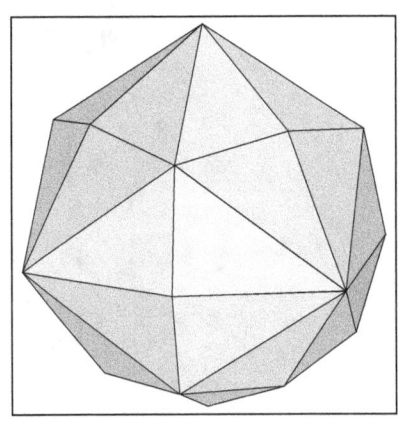

Sviluppo in piano di poliedri: Libro progetto

Dodecaedro regolari

1. Tagliare lungo le linee continue.
2. Piegare sulle linee punteggiate.
3. Utilizzare nastro adesivo trasparente per fissare.

Se si vuole disegnare o colorare le sviluppo piano, farlo prima di nastro insieme. Se volete decorare mediante incollaggio sulle decorazioni, il nastro insieme prima.

Sviluppo in piano di poliedri: Libro progetto

Copyright 2015. Può essere copiato per, solo per uso didattico non commerciale incidentale. Vedi nota di copyright per ulteriori informazioni.

Cupola pentagonale elongata

1. Tagliare lungo le linee continue.
2. Piegare sulle linee punteggiate.
3. Utilizzare nastro adesivo trasparente per fissare.

Se si vuole disegnare o colorare le sviluppo piano, farlo prima di nastro insieme. Se volete decorare mediante incollaggio sulle decorazioni, il nastro insieme prima.

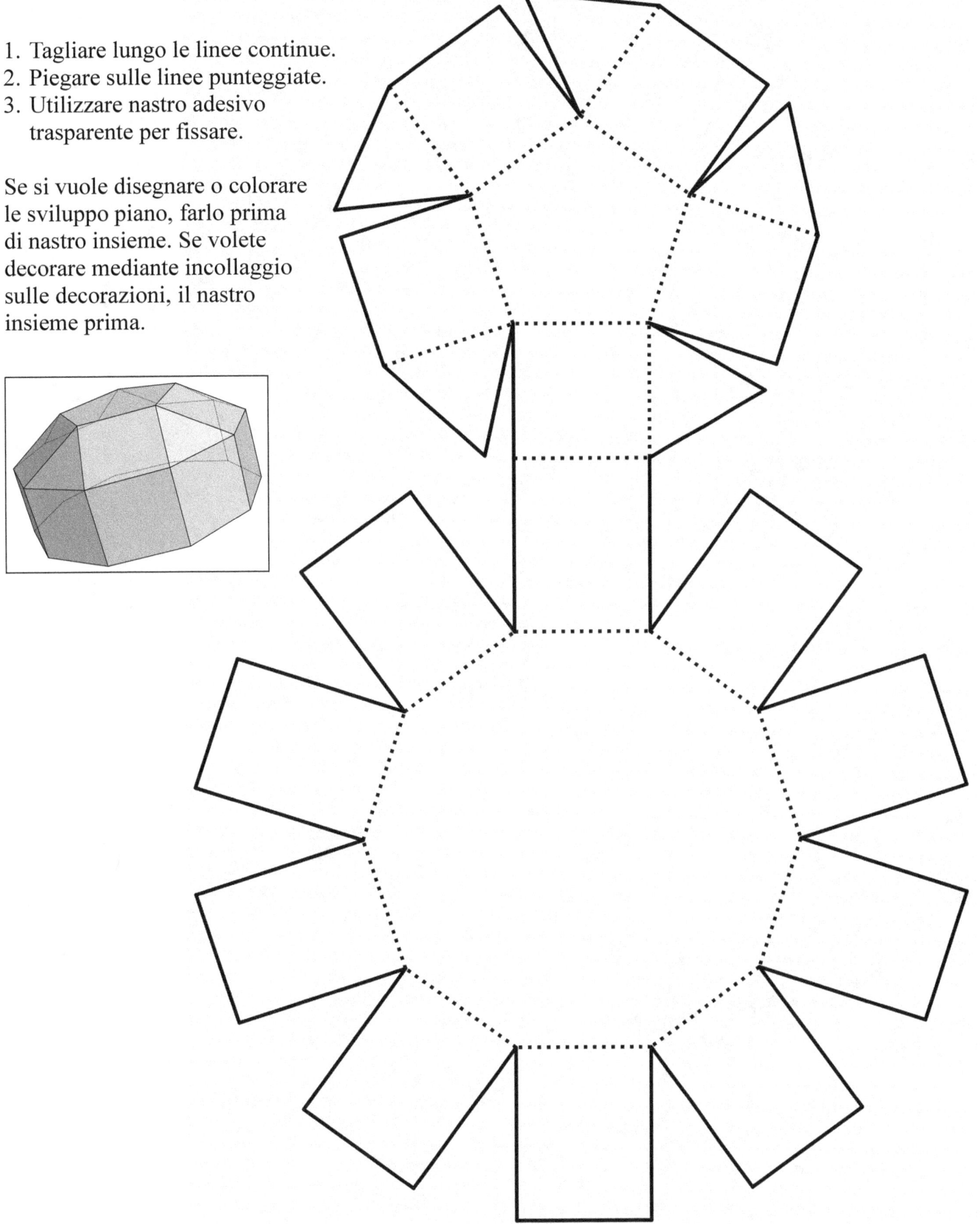

Sviluppo in piano di poliedri: Libro progetto

Dipiramide elongata pentagonale

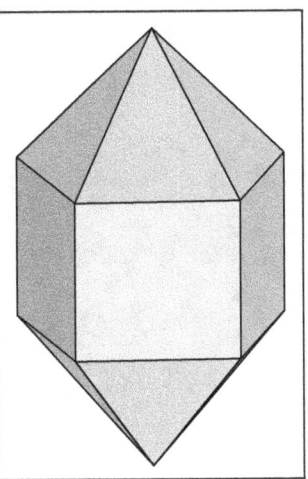

1. Tagliare lungo le linee continue.
2. Piegare sulle linee punteggiate.
3. Utilizzare nastro adesivo trasparente per fissare.

Se si vuole disegnare o colorare le sviluppo piano, farlo prima di nastro insieme. Se volete decorare mediante incollaggio sulle decorazioni, il nastro insieme prima.

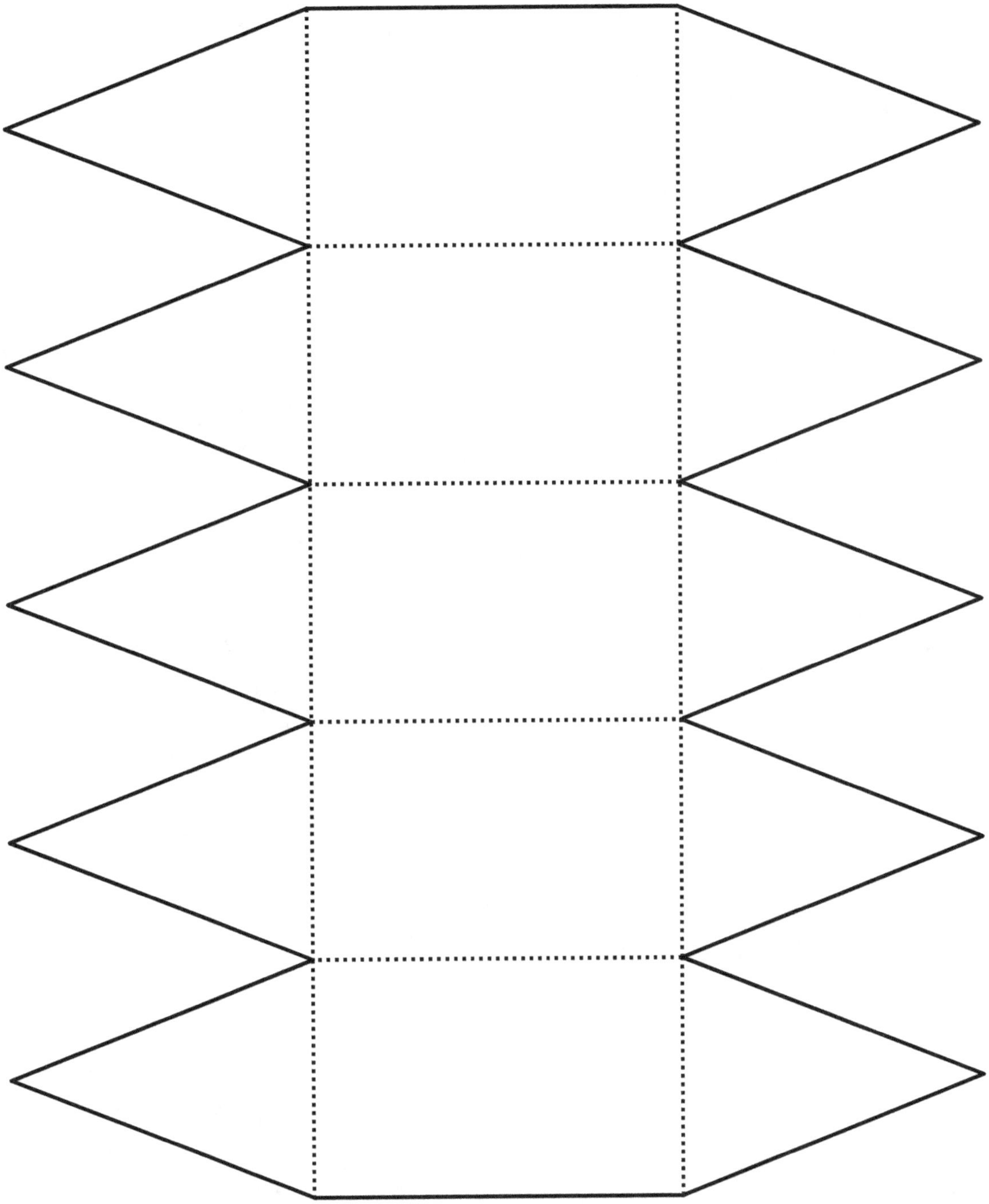

Sviluppo in piano di poliedri: Libro progetto

Piramide pentagonale elongata

1. Tagliare lungo le linee continue.
2. Piegare sulle linee punteggiate.
3. Utilizzare nastro adesivo trasparente per fissare.

Se si vuole disegnare o colorare le sviluppo piano, farlo prima di nastro insieme. Se volete decorare mediante incollaggio sulle decorazioni, il nastro insieme prima.

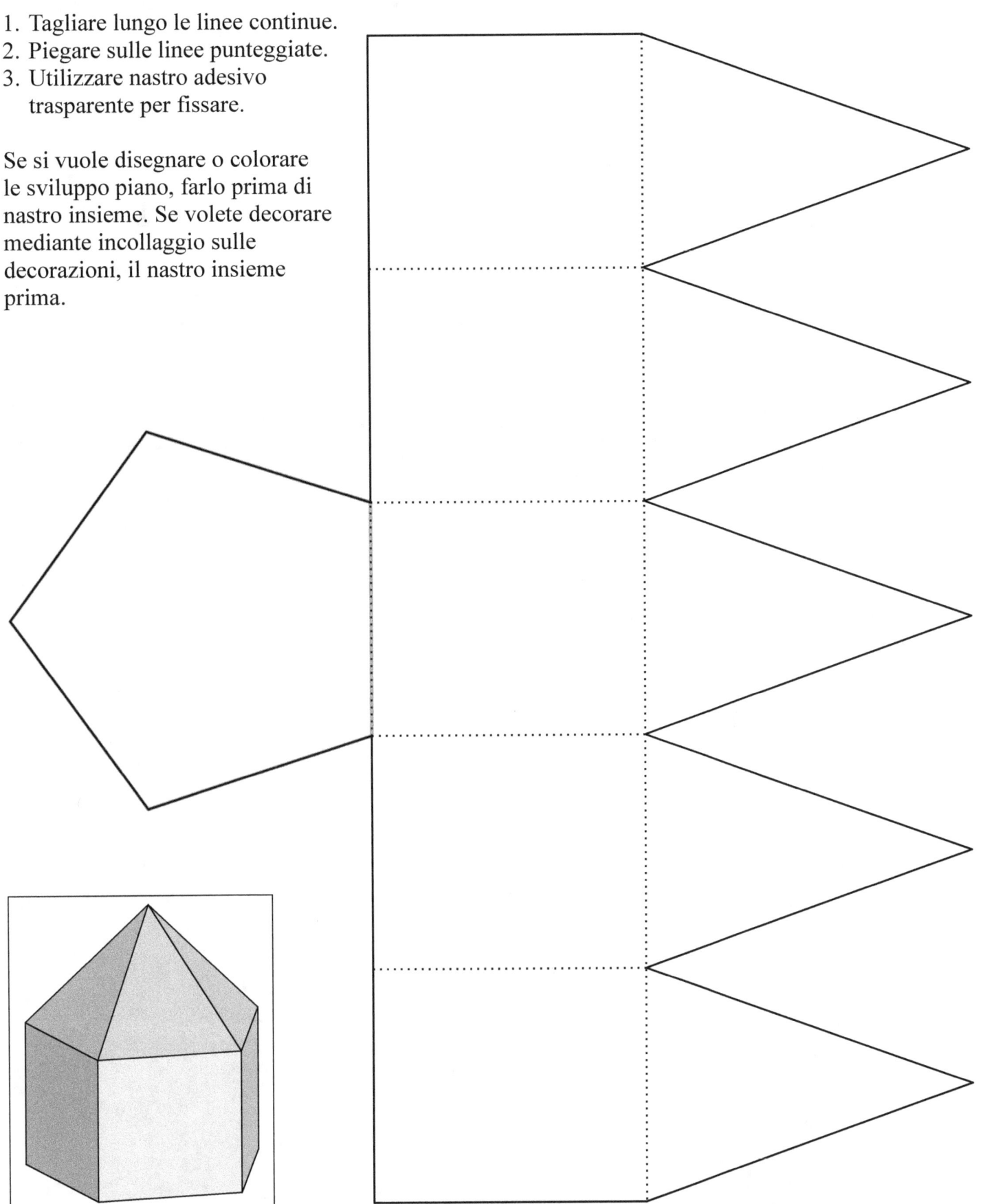

Sviluppo in piano di poliedri: Libro progetto

Dipiramide elongata quadrata

1. Tagliare lungo le linee continue.
2. Piegare sulle linee punteggiate.
3. Utilizzare nastro adesivo trasparente per fissare.

Se si vuole disegnare o colorare le sviluppo piano, farlo prima di nastro insieme. Se volete decorare mediante incollaggio sulle decorazioni, il nastro insieme prima.

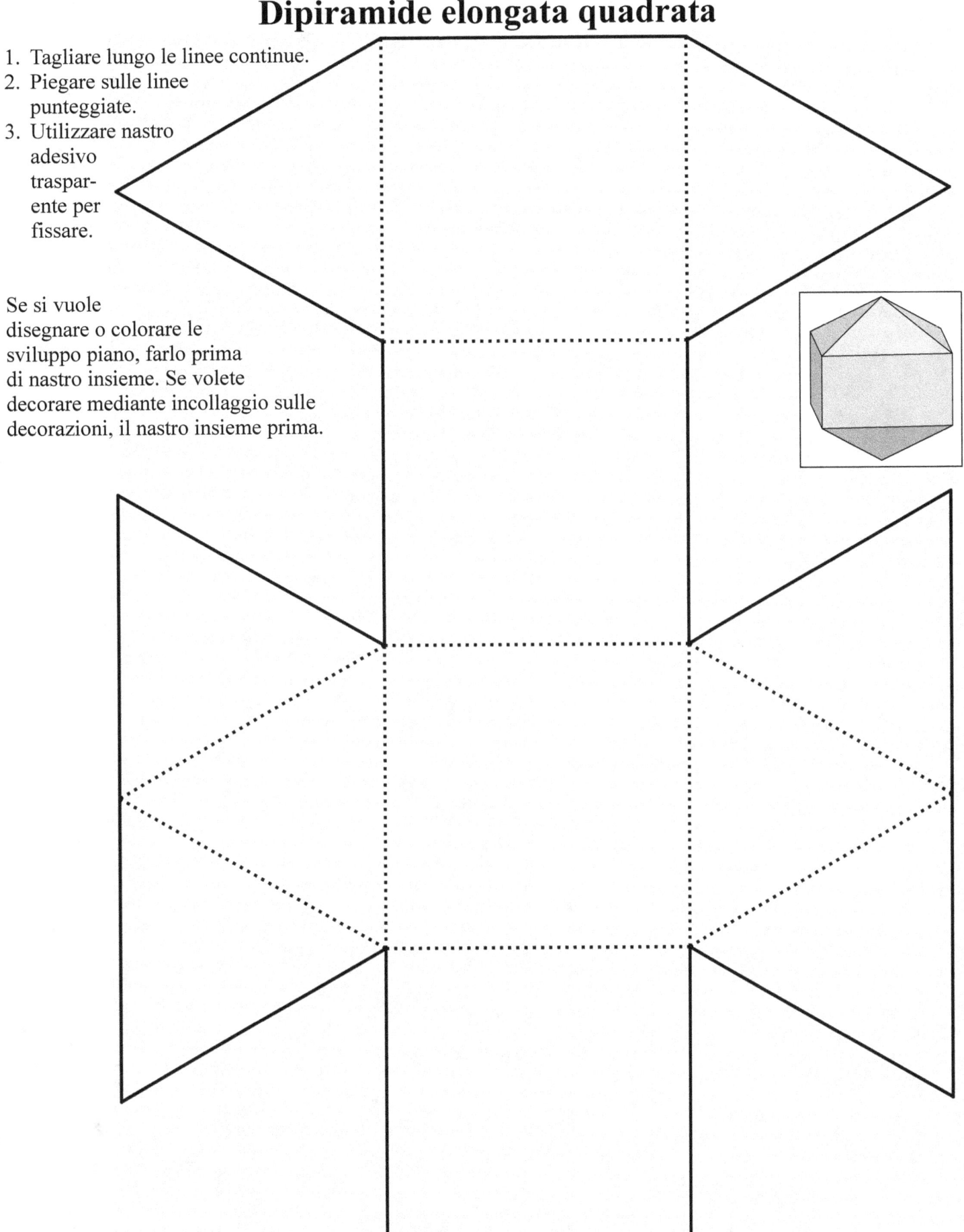

Sviluppo in piano di poliedri: Libro progetto

Piramide quadrata elongata

1. Tagliare lungo le linee continue.
2. Piegare sulle linee punteggiate.
3. Utilizzare nastro adesivo trasparente per fissare.

Se si vuole disegnare o colorare le sviluppo piano, farlo prima di nastro insieme. Se volete decorare mediante incollaggio sulle decorazioni, il nastro insieme prima.

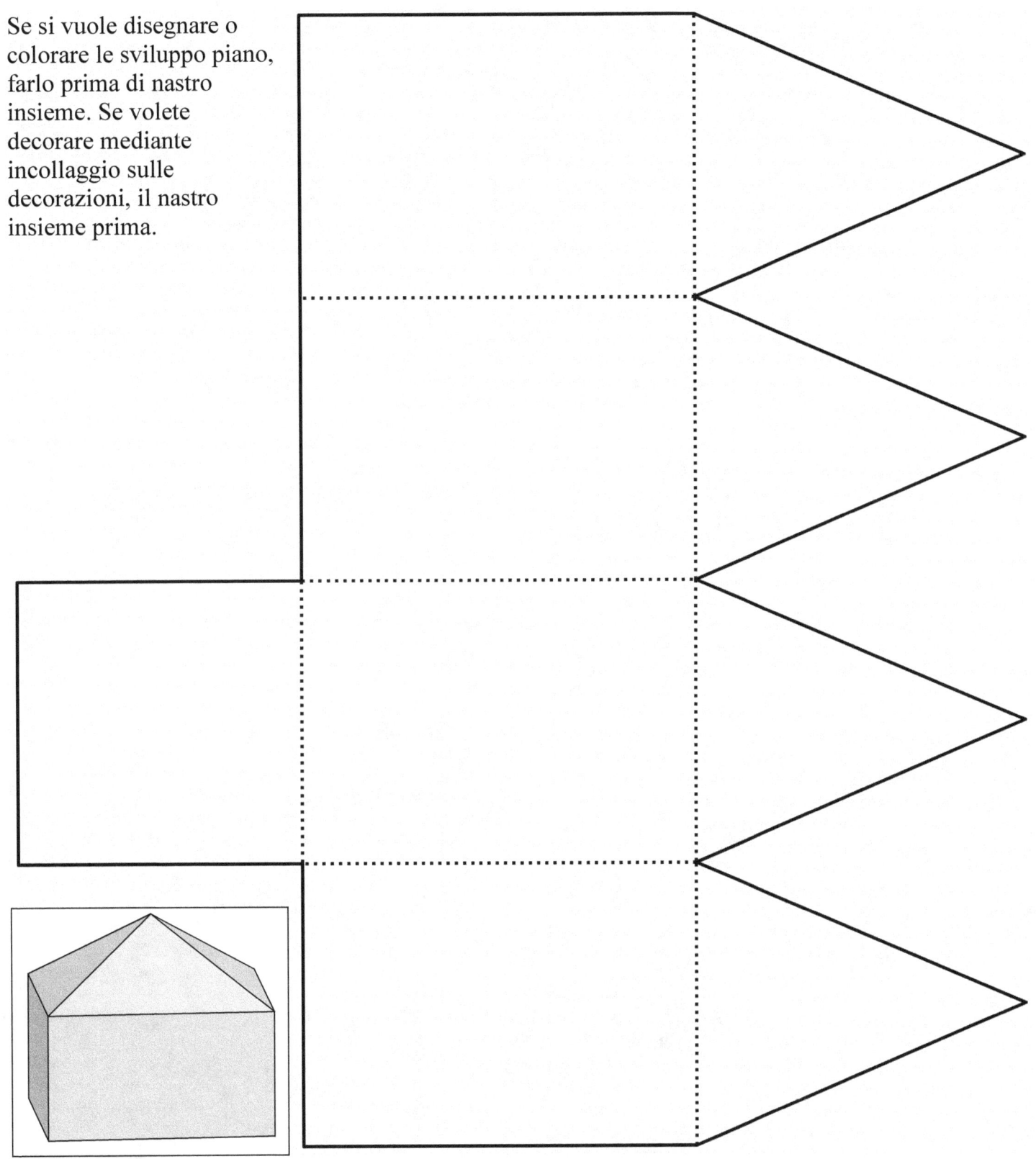

Sviluppo in piano di poliedri: Libro progetto

Antiprisma triangolare elongata

1. Tagliare lungo le linee continue.
2. Piegare sulle linee punteggiate.
3. Piegare all'indietro sulle linee tratteggiate
4. Utilizzare nastro adesivo trasparente per fissare.

Se si vuole disegnare o colorare le sviluppo piano, farlo prima di nastro insieme. Se volete decorare mediante incollaggio sulle decorazioni, il nastro insieme prima.

Sviluppo in piano di poliedri: Libro progetto

Cupola triangolare elongata

1. Tagliare lungo le linee continue.
2. Piegare sulle linee punteggiate.
3. Utilizzare nastro adesivo trasparente per fissare.

Se si vuole disegnare o colorare le sviluppo piano, farlo prima di nastro insieme. Se volete decorare mediante incollaggio sulle decorazioni, il nastro insieme prima.

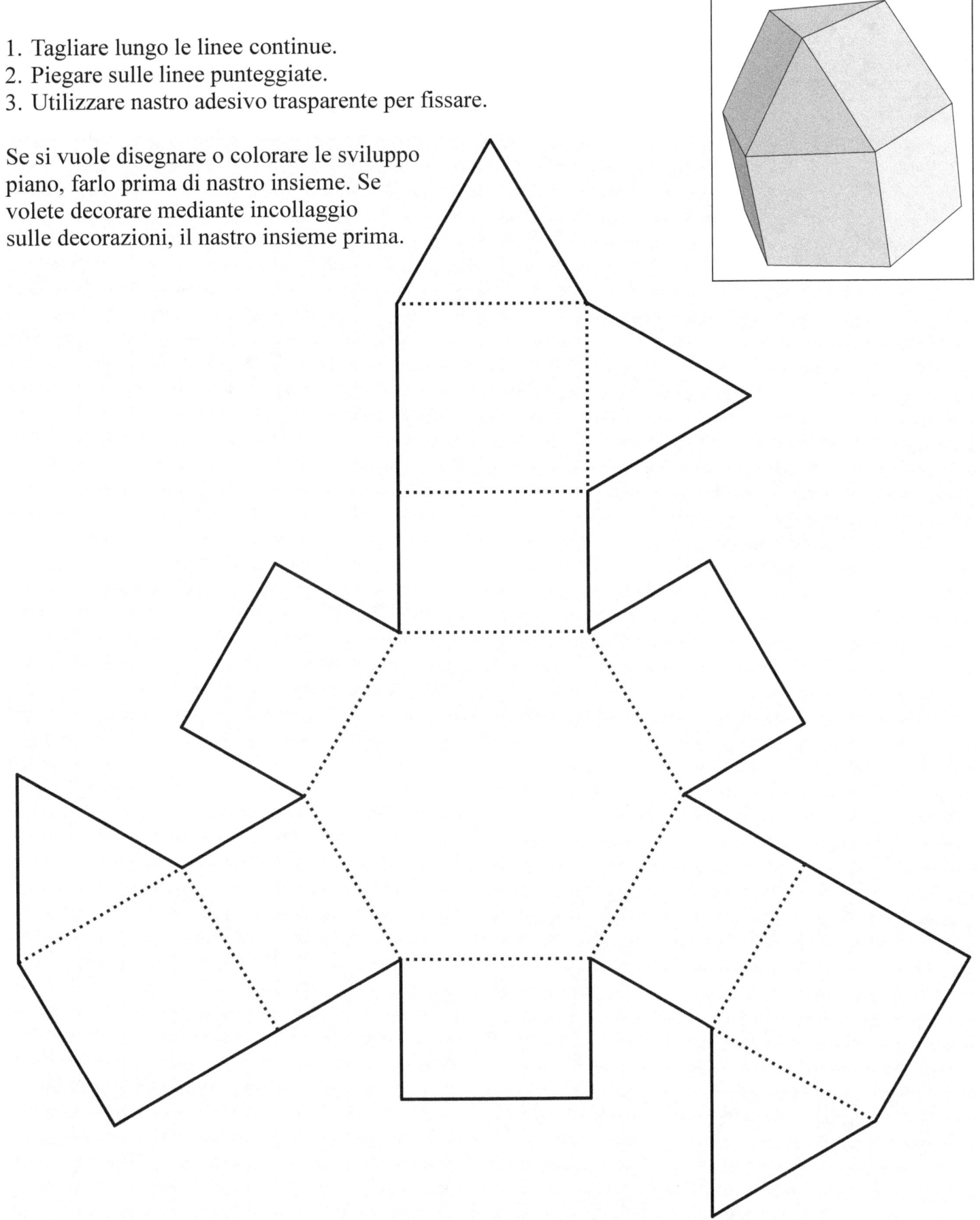

Sviluppo in piano di poliedri: Libro progetto

Bipiramide triangolare elongata

1. Tagliare lungo le linee continue.
2. Piegare sulle linee punteggiate.
3. Utilizzare nastro adesivo trasparente per fissare.

Se si vuole disegnare o colorare le sviluppo piano, farlo prima di nastro insieme. Se volete decorare mediante incollaggio sulle decorazioni, il nastro insieme prima.

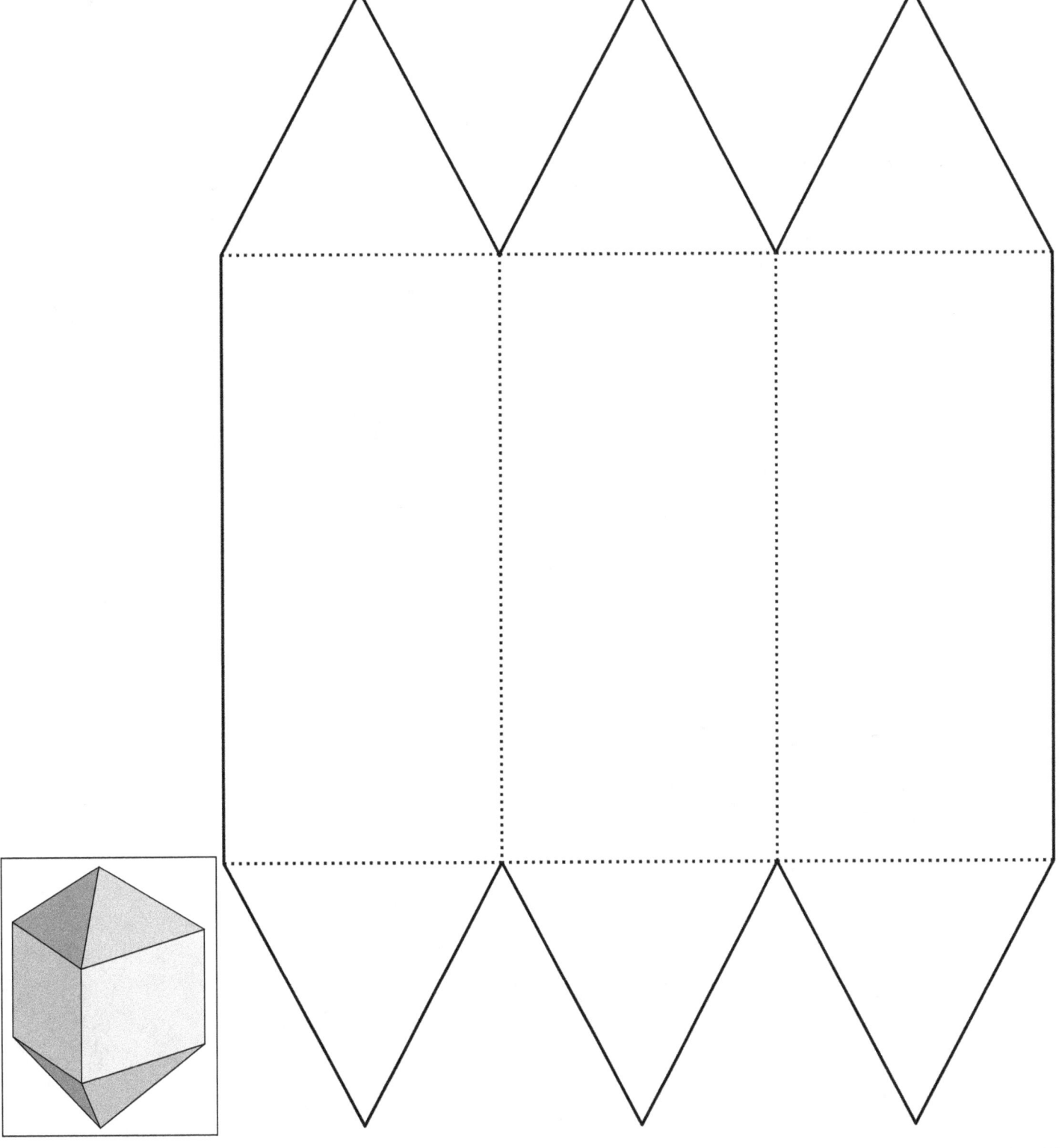

Sviluppo in piano di poliedri: Libro progetto

Piramide triangolare elongata

1. Tagliare lungo le linee continue.
2. Piegare sulle linee punteggiate.
3. Utilizzare nastro adesivo trasparente per fissare.

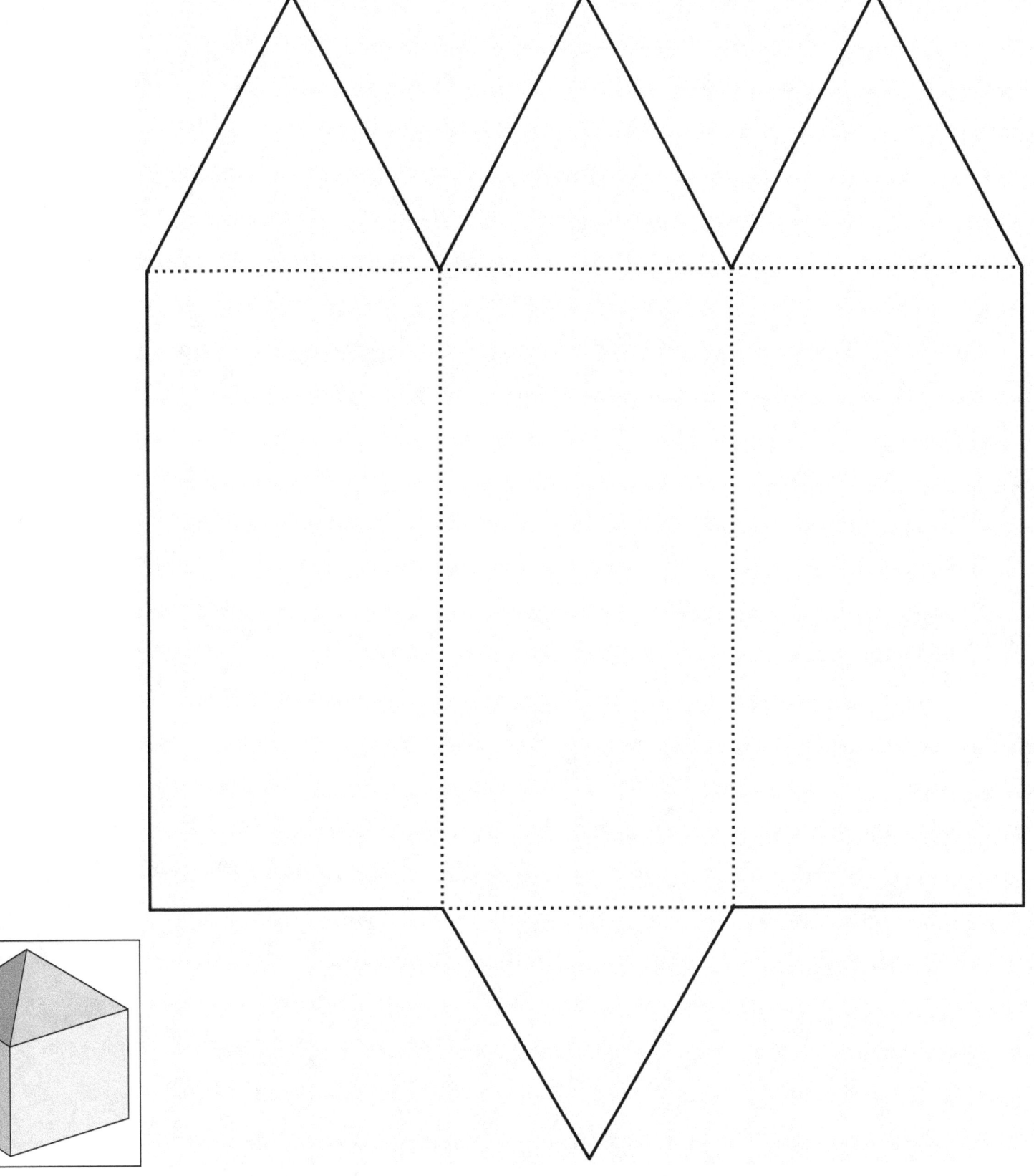

Sviluppo in piano di poliedri: Libro progetto

Se si vuole disegnare o colorare le sviluppo piano, farlo prima di nastro insieme. Se volete decorare mediante incollaggio sulle decorazioni, il nastro insieme prima.

Tronco di piramide decagonal

1. Tagliare lungo le linee continue.
2. Piegare sulle linee punteggiate.
3. Utilizzare nastro adesivo trasparente per fissare.

Se si vuole disegnare o colorare le sviluppo piano, farlo prima di nastro insieme. Se volete decorare mediante incollaggio sulle decorazioni, il nastro insieme prima.

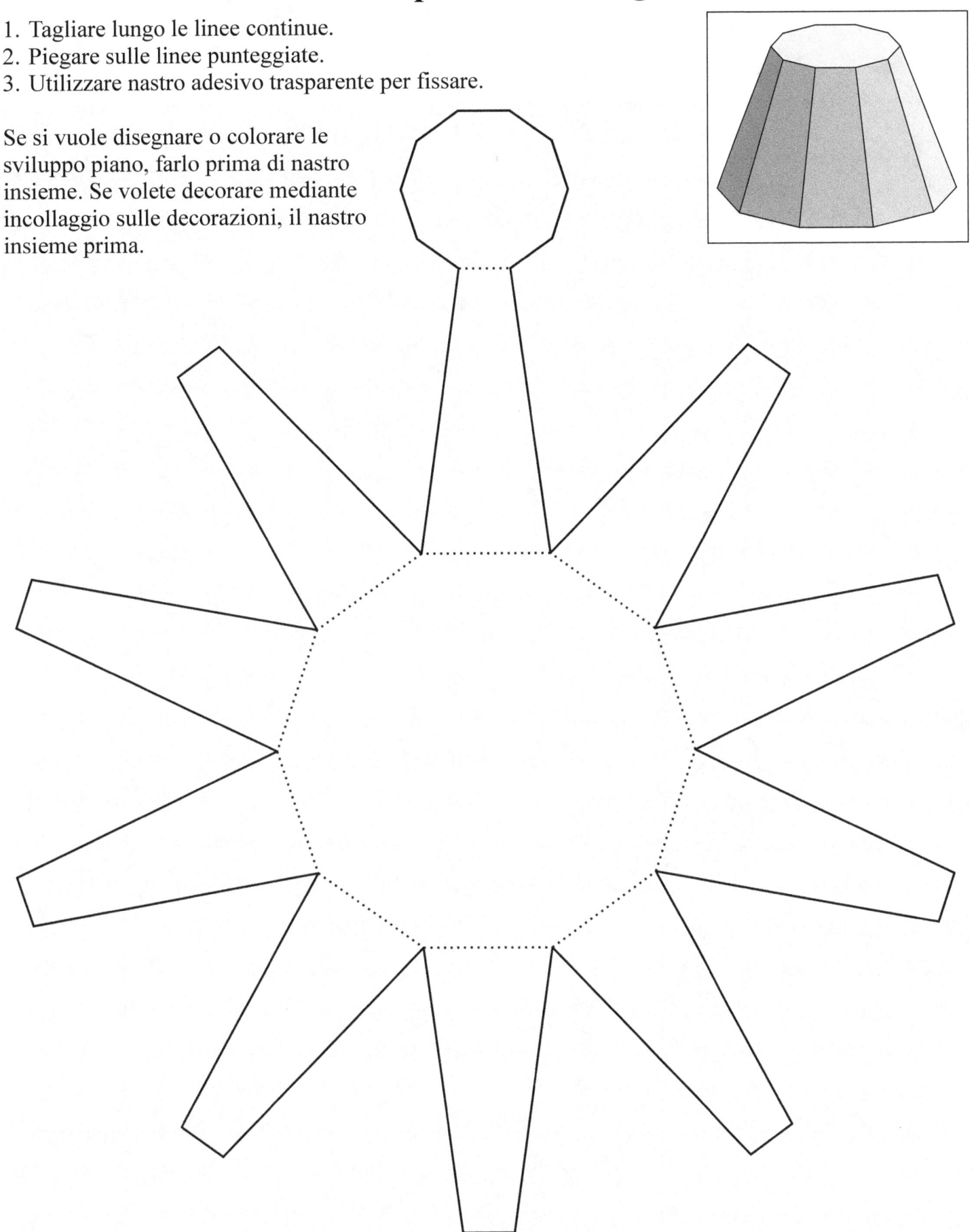

Sviluppo in piano di poliedri: Libro progetto

Tronco di piramide quadrata

1. Tagliare lungo le linee continue.
2. Piegare sulle linee punteggiate.
3. Utilizzare nastro adesivo trasparente per fissare.

Se si vuole disegnare o colorare le sviluppo piano, farlo prima di nastro insieme. Se volete decorare mediante incollaggio sulle decorazioni, il nastro insieme prima.

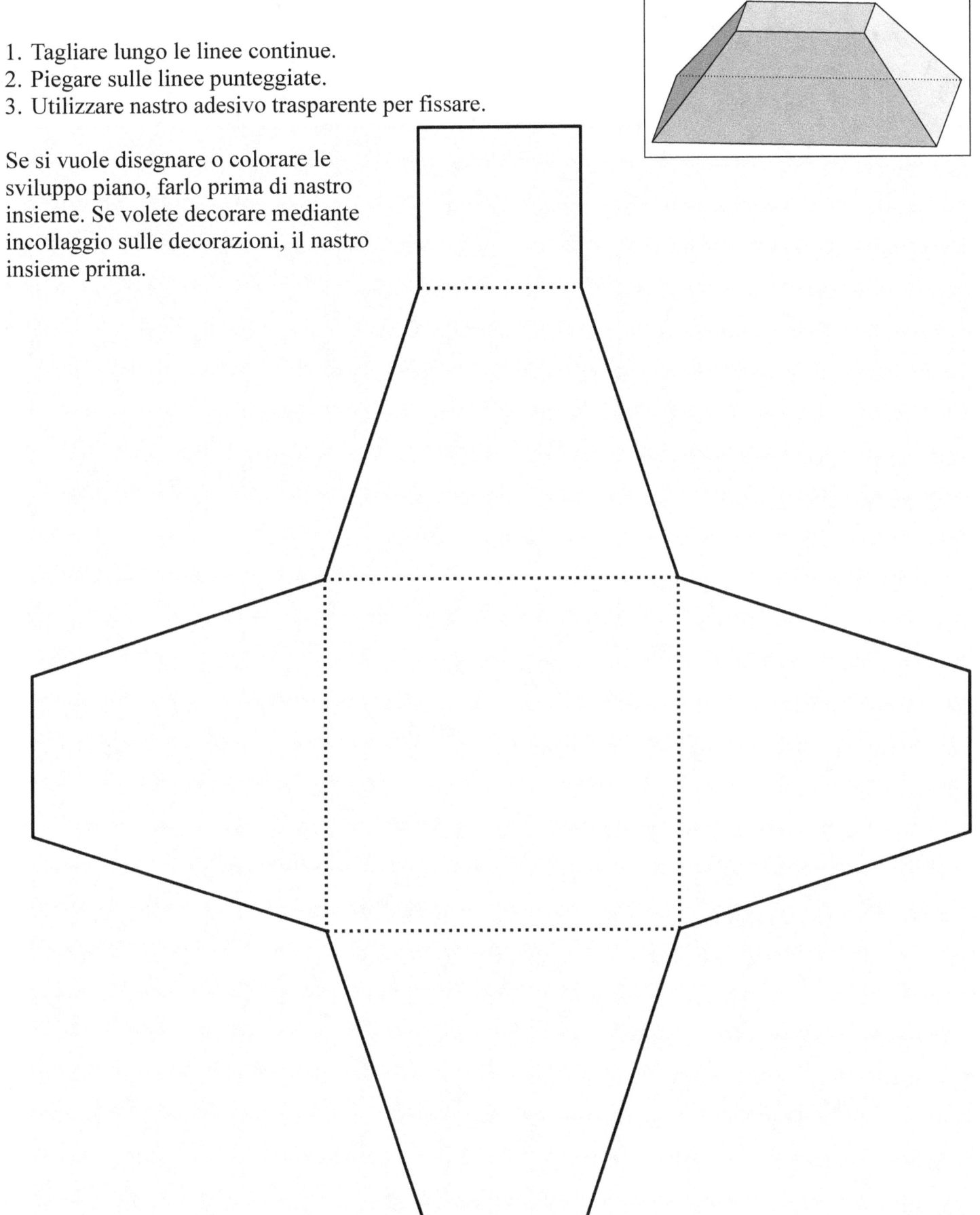

Sviluppo in piano di poliedri: Libro progetto

Tronco di piramide triangolare

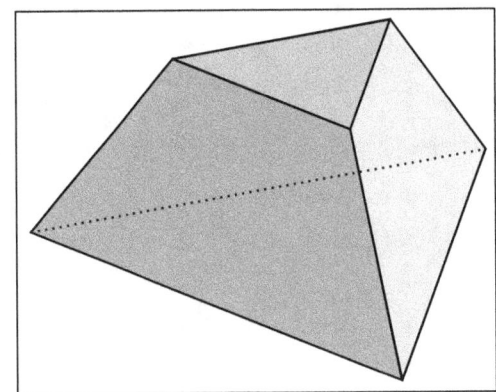

1. Tagliare lungo le linee continue.
2. Piegare sulle linee punteggiate.
3. Utilizzare nastro adesivo trasparente per fissare.

Se si vuole disegnare o colorare le sviluppo piano, farlo prima di nastro insieme. Se volete decorare mediante incollaggio sulle decorazioni, il nastro insieme prima.

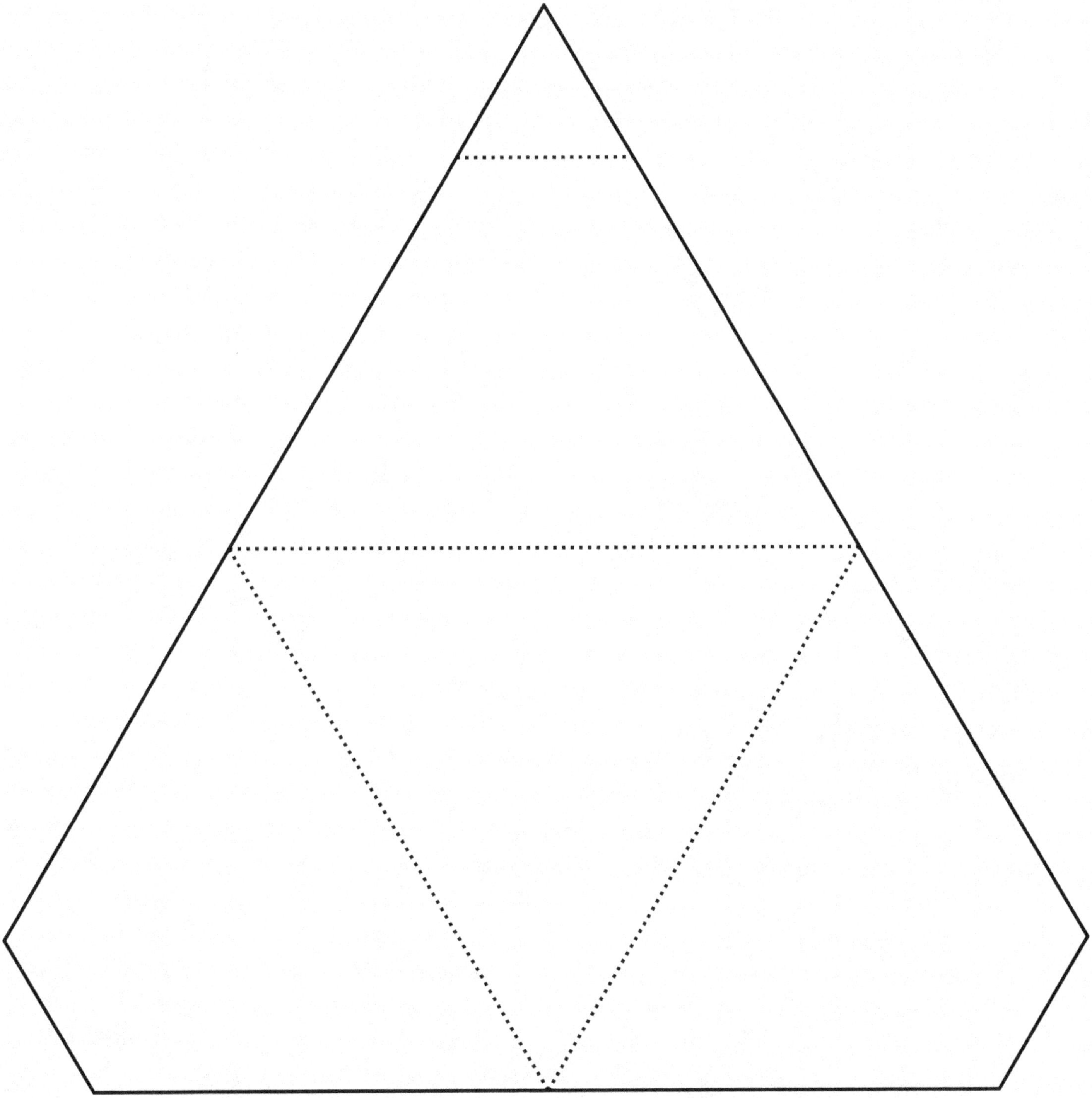

Sviluppo in piano di poliedri: Libro progetto

Grande dodecaedro

1. Tagliare lungo le linee continue.
2. Piegare sulle linee punteggiate.
3. Piegare all'indietro sulle linee tratteggiate
4. Utilizzare nastro adesivo trasparente per fissare.

Se si vuole disegnare o colorare le sviluppo piano, farlo prima di nastro insieme. Se volete decorare mediante incollaggio sulle decorazioni, en.wikiil nastro insieme prima.

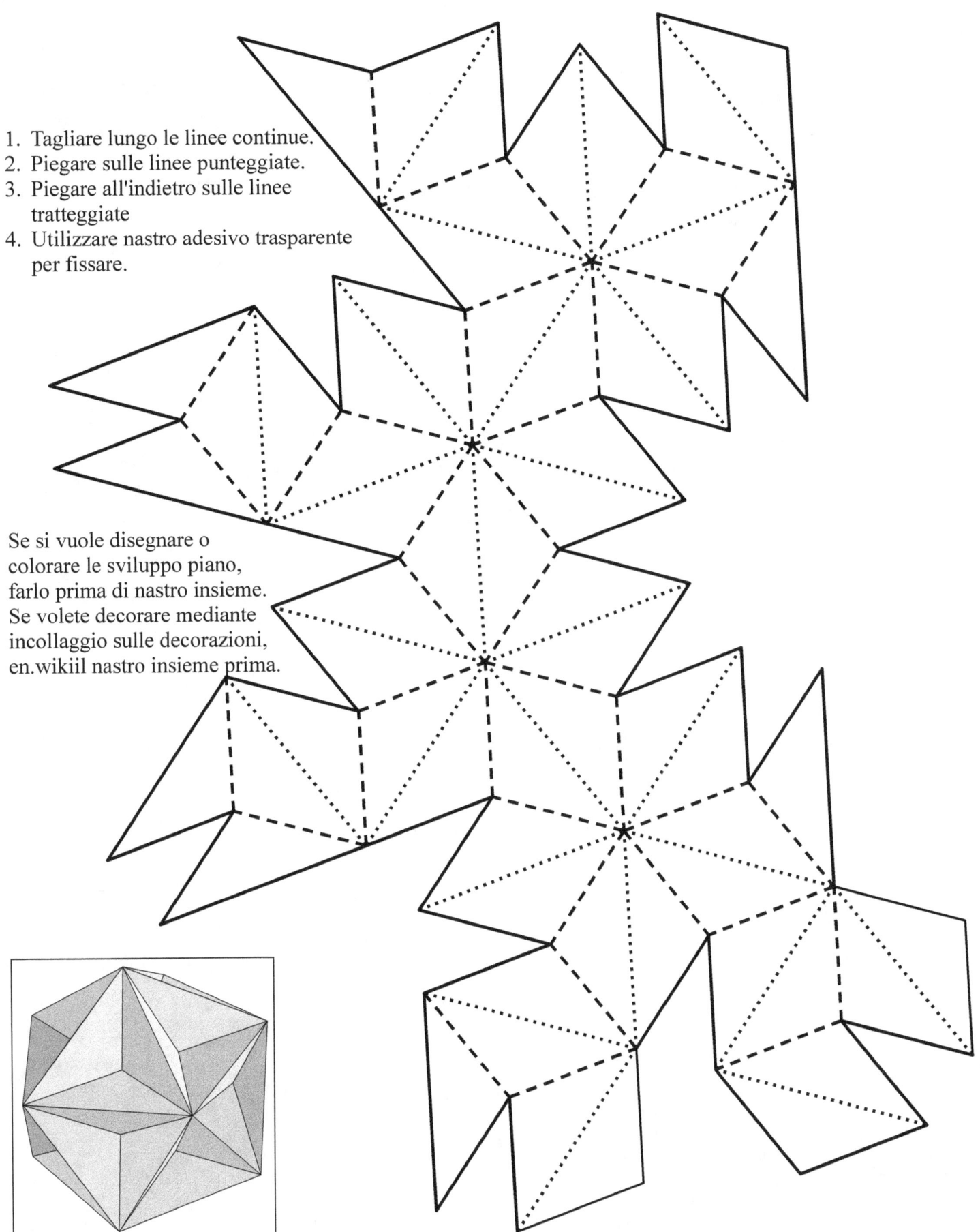

Sviluppo in piano di poliedri: Libro progetto

Grande dodecaedro stellato

1. Questa è una sviluppo piano di poliedro in due parti. Metà è in questa pagina, e per metà sulla successiva.
2. Tagliare due parti lungo le linee continue.
3. Nastro le due parti insieme alla label 'A'.
4. Piegatura su linee tratteggiate.
5. Utilizzare nastro adesivo trasparente per fissare.

Se si vuole disegnare o colorare la sviluppo piano, farlo prima di nastro insieme. Se volete decorare mediante incollaggio sulle decorazioni, il nastro insieme prima.

A

Sviluppo in piano di poliedri: Libro progetto

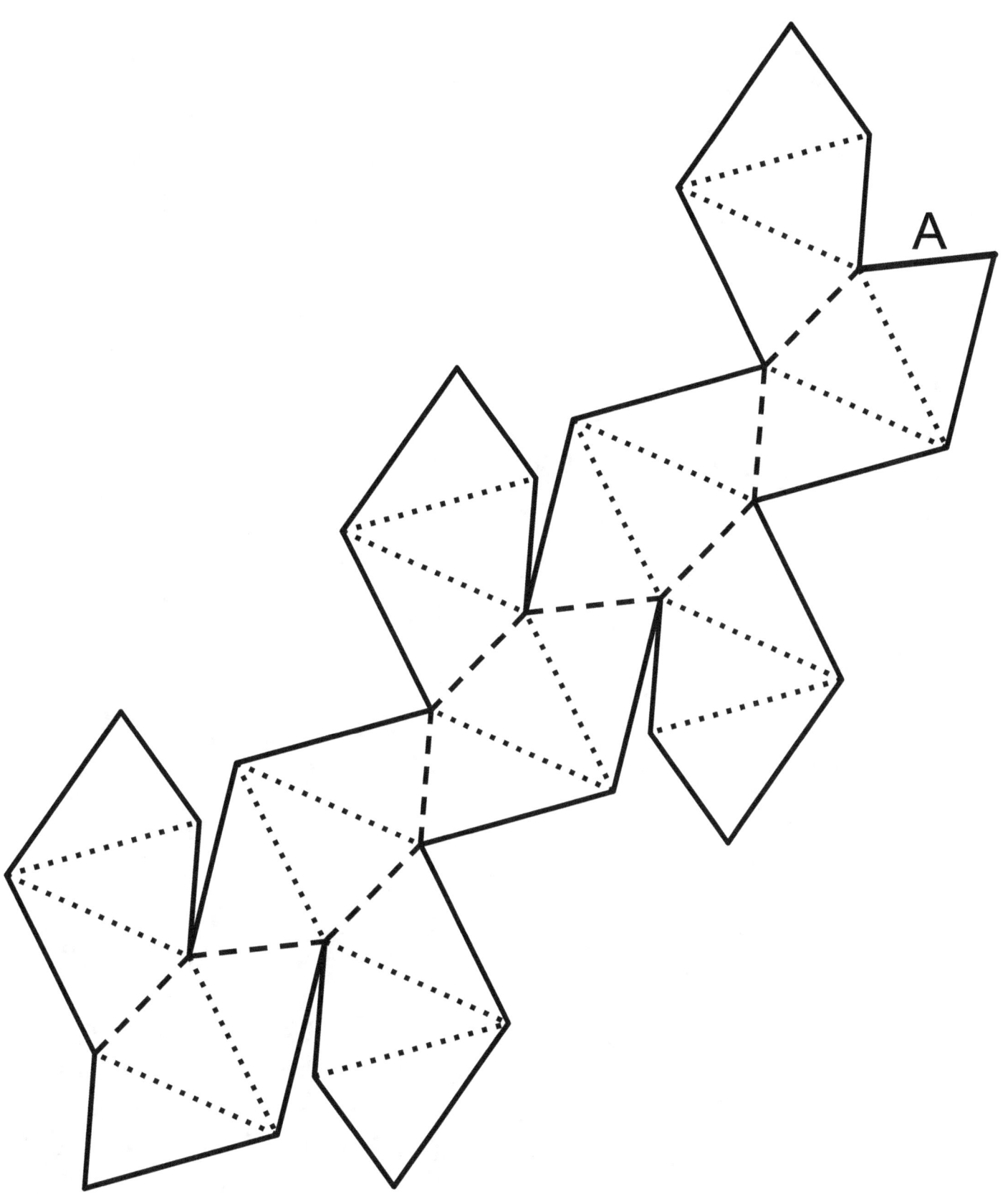

Sviluppo in piano di poliedri: Libro progetto

Piramide pentagonale giroelongata

1. Tagliare lungo le linee continue.
2. Piegare sulle linee punteggiate.
3. Utilizzare nastro adesivo trasparente per fissare.

Se si vuole disegnare o colorare le sviluppo piano, farlo prima di nastro insieme. Se volete decorare mediante incollaggio sulle decorazioni, il nastro insieme prima.

Sviluppo in piano di poliedri: Libro progetto

Dipiramide giroelongata quadrata

1. Tagliare lungo le linee continue.
2. Piegare sulle linee punteggiate.
3. Utilizzare nastro adesivo trasparente per fissare.

Se si vuole disegnare o colorare le sviluppo piano, farlo prima di nastro insieme. Se volete decorare mediante incollaggio sulle decorazioni, il nastro insieme prima.

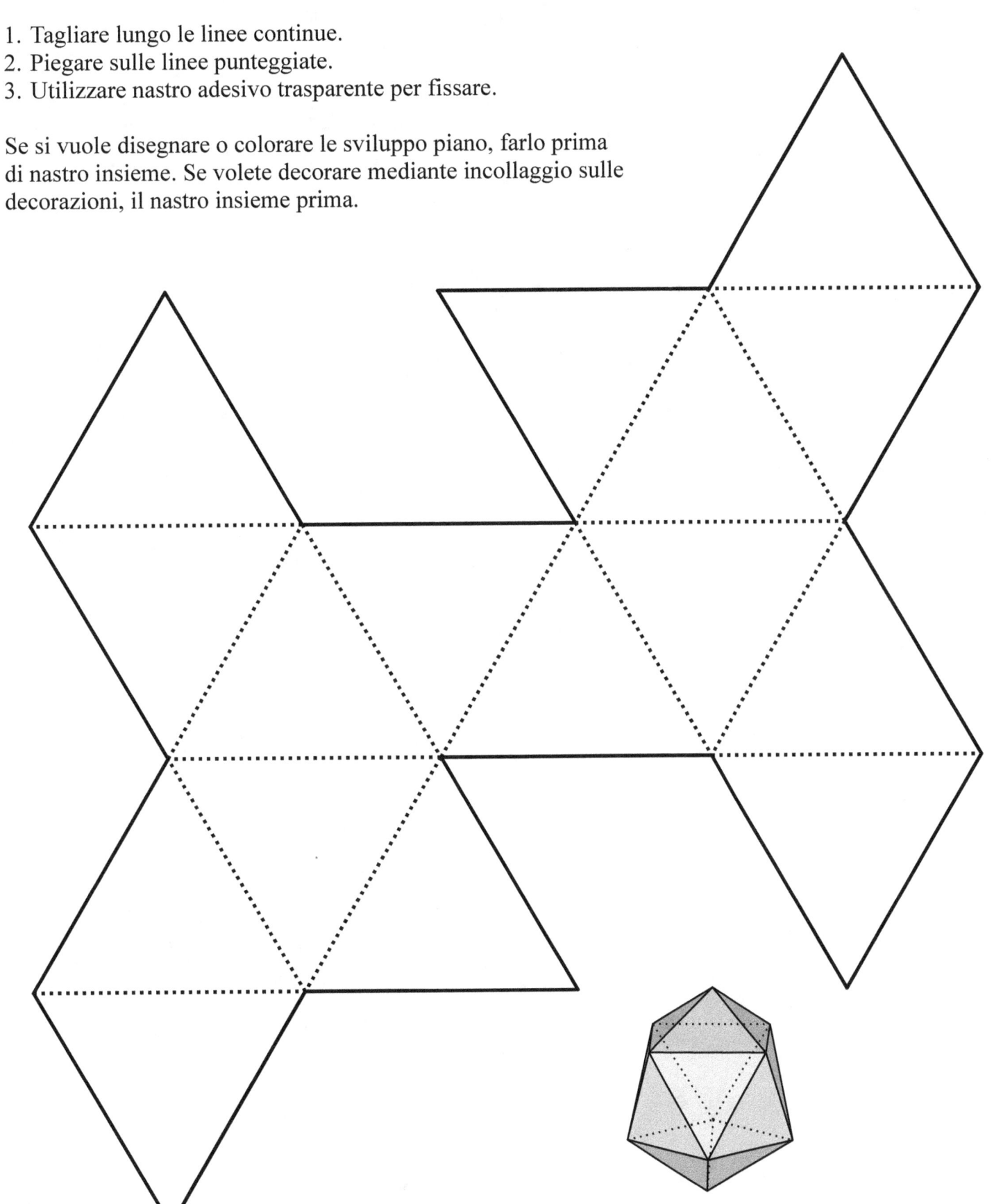

Sviluppo in piano di poliedri: Libro progetto

Prisma giroelongata quadrata

1. Tagliare lungo le linee continue.
2. Piegare sulle linee punteggiate.
3. Utilizzare nastro adesivo trasparente per fissare.

Se si vuole disegnare o colorare le sviluppo piano, farlo prima di nastro insieme. Se volete decorare mediante incollaggio sulle decorazioni, il nastro insieme prima.

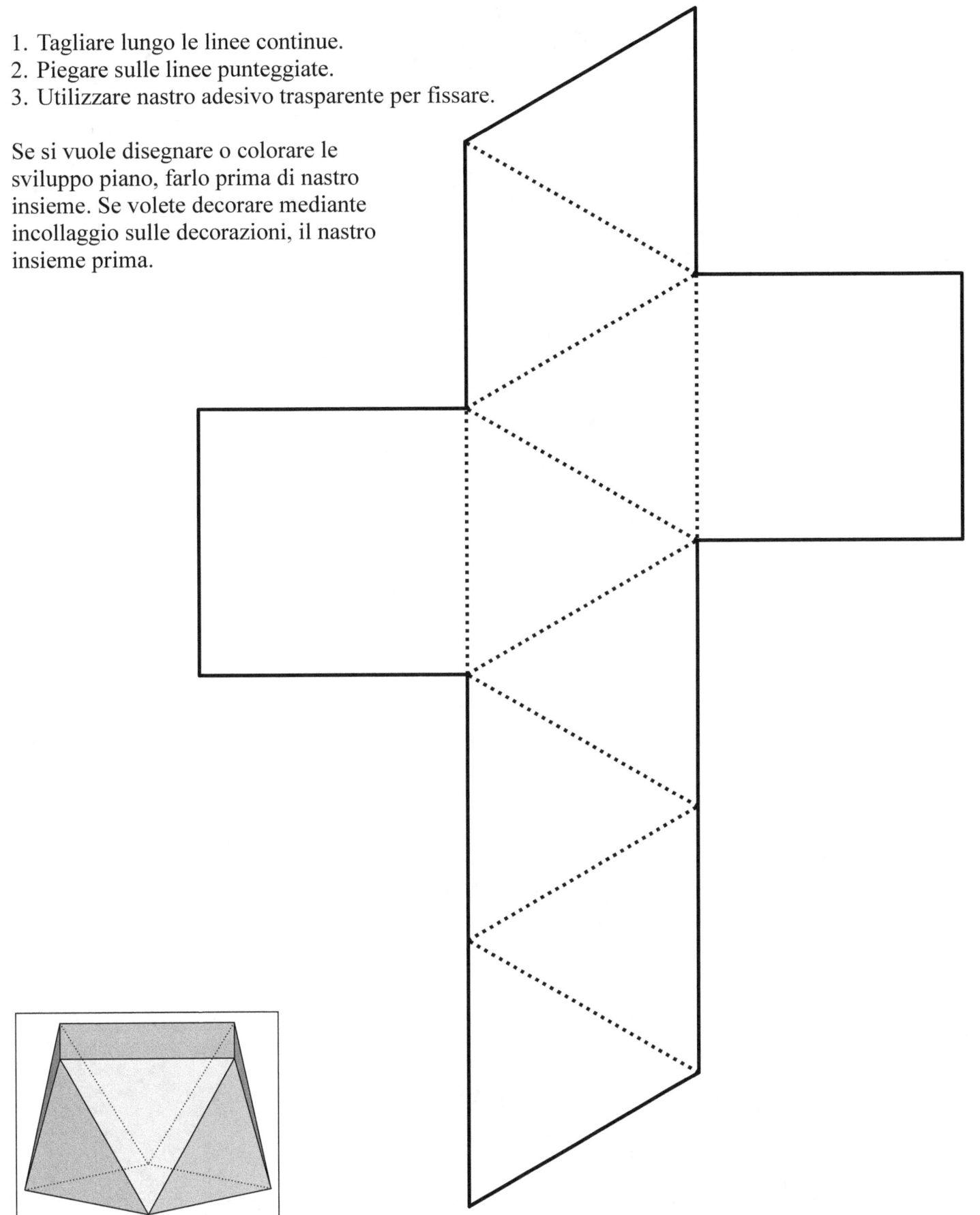

Sviluppo in piano di poliedri: Libro progetto

Piramide giroelongata quadrata

1. Tagliare lungo le linee continue.
2. Piegare sulle linee punteggiate.
3. Utilizzare nastro adesivo trasparente per fissare.

Se si vuole disegnare o colorare le sviluppo piano, farlo prima di nastro insieme. Se volete decorare mediante incollaggio sulle decorazioni, il nastro insieme prima.

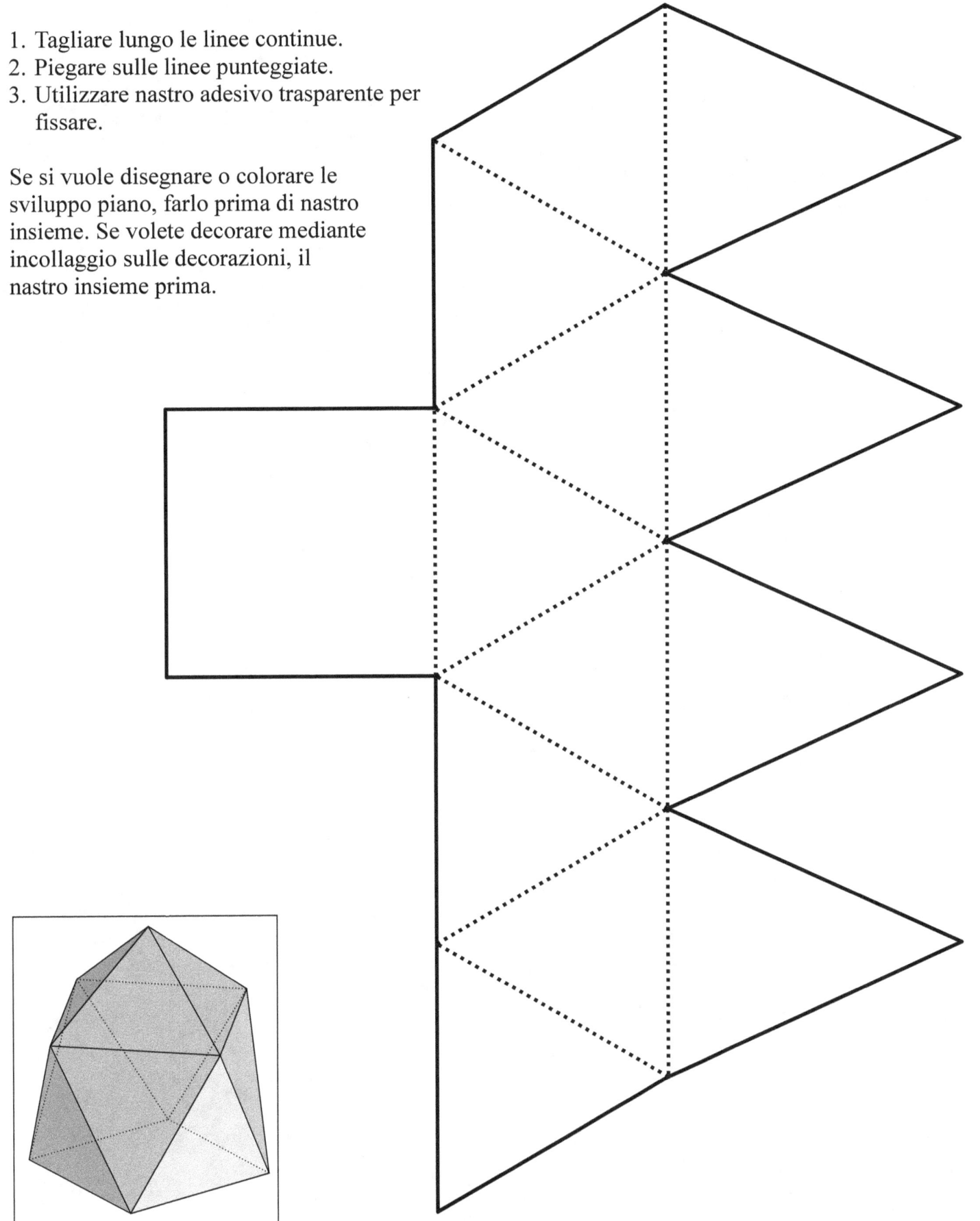

Sviluppo in piano di poliedri: Libro progetto

Pyramide ettagonale

1. Tagliare lungo le linee continue.
2. Piegare sulle linee punteggiate.
3. Utilizzare nastro adesivo trasparente per fissare.

Se si vuole disegnare o colorare le sviluppo piano, farlo prima di nastro insieme. Se volete decorare mediante incollaggio sulle decorazioni, il nastro insieme prima.

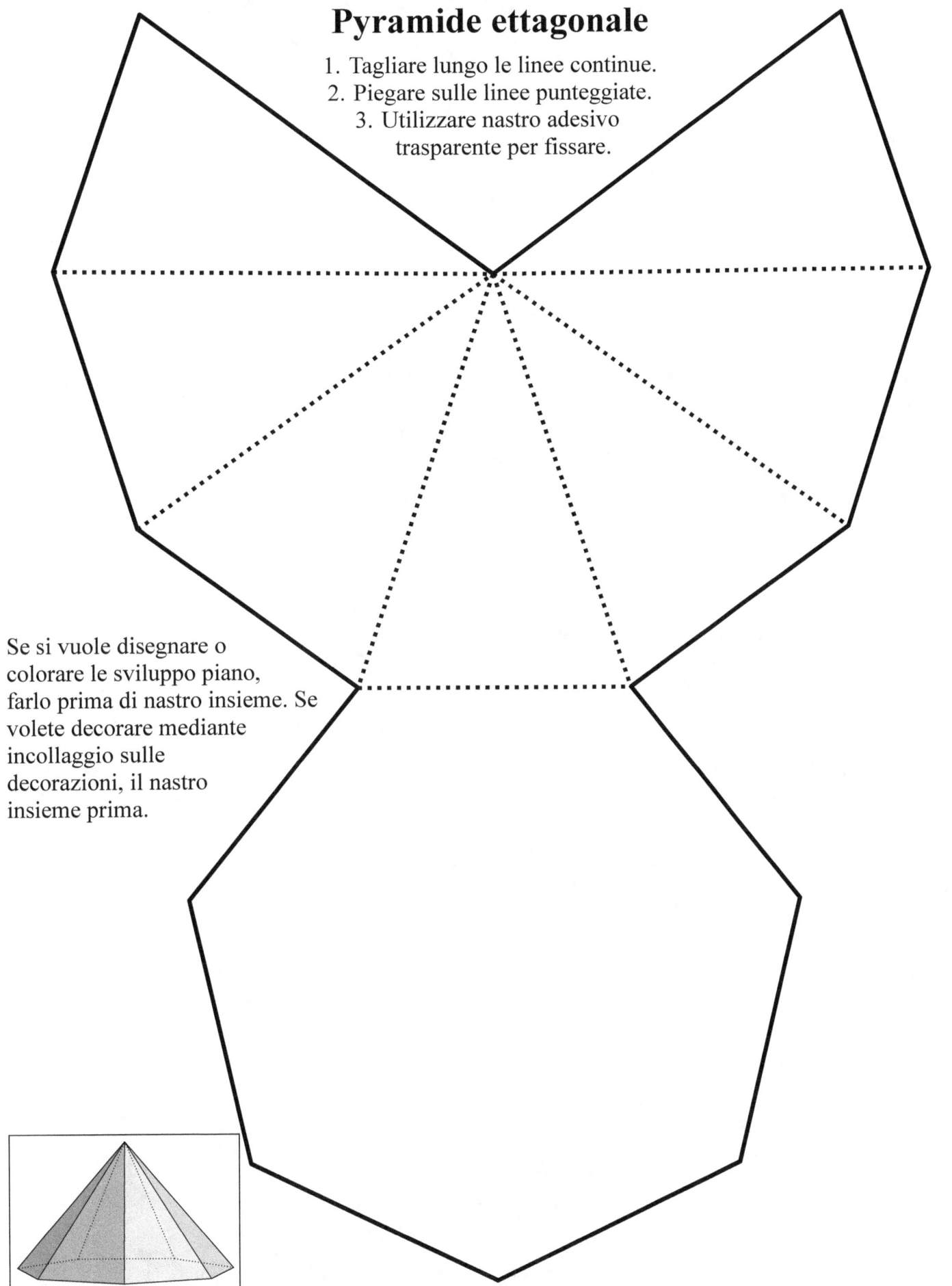

Sviluppo in piano di poliedri: Libro progetto

Ettaedro 4,4,4,3,3,3,3

1. Tagliare lungo le linee continue.
2. Piegare sulle linee punteggiate.
3. Utilizzare nastro adesivo trasparente per fissare.

Se si vuole disegnare o colorare le sviluppo piano, farlo prima di nastro insieme. Se volete decorare mediante incollaggio sulle decorazioni, il nastro insieme prima.

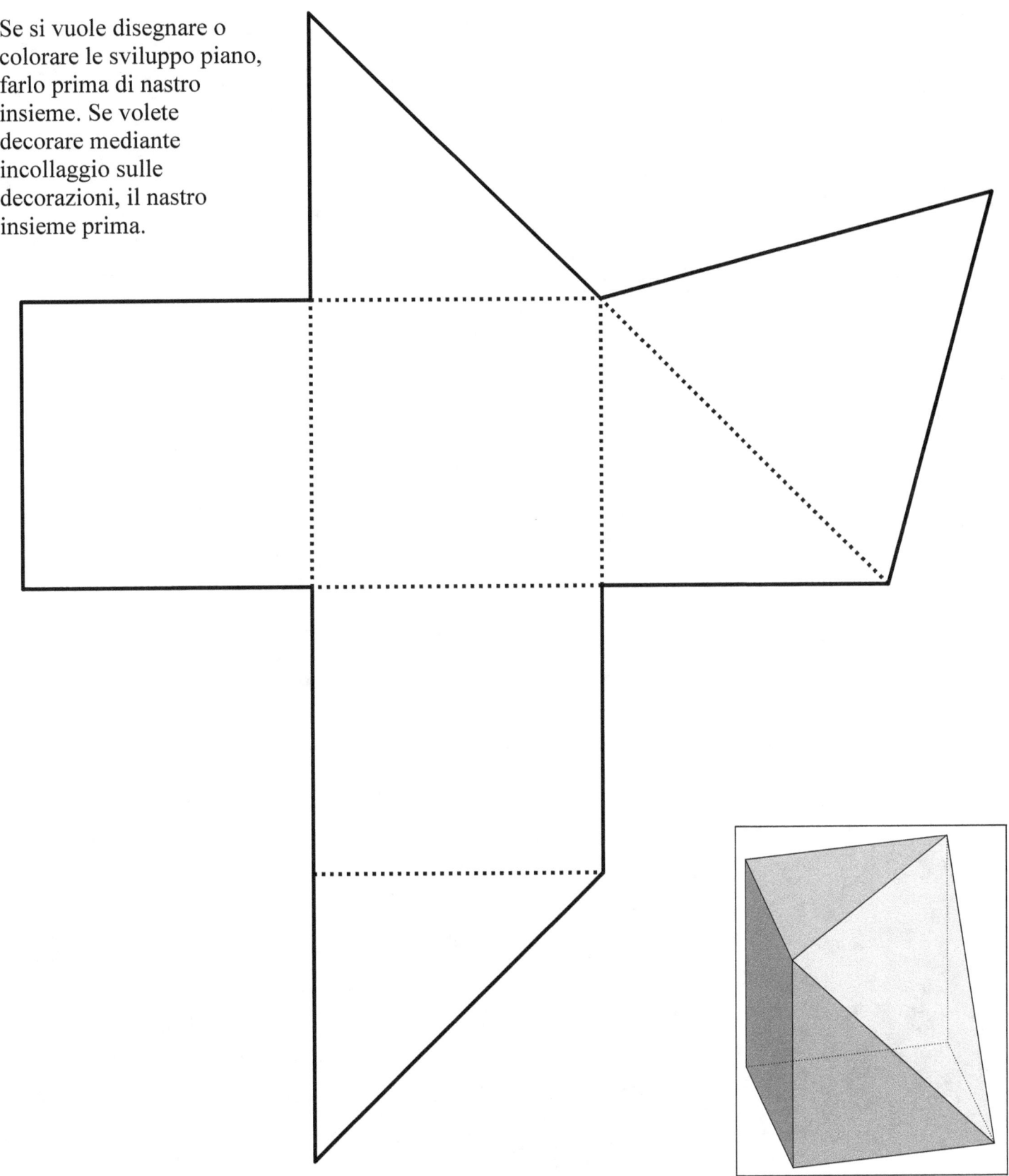

Sviluppo in piano di poliedri: Libro progetto

Ettaedro 5,5,5,4,4,4,3

1. Tagliare lungo le linee continue.
2. Piegare sulle linee punteggiate.
3. Utilizzare nastro adesivo trasparente per fissare.

Se si vuole disegnare o colorare le sviluppo piano, farlo prima di nastro insieme. Se volete decorare mediante incollaggio sulle decorazioni, il nastro insieme prima.

Sviluppo in piano di poliedri: Libro progetto

Ettaedro 6,6,4,4,4,3,3

1. Tagliare lungo le linee continue.
2. Piegare sulle linee punteggiate.
3. Utilizzare nastro adesivo trasparente per fissare.

Se si vuole disegnare o colorare le sviluppo piano, farlo prima di nastro insieme. Se volete decorare mediante incollaggio sulle decorazioni, il nastro insieme prima.

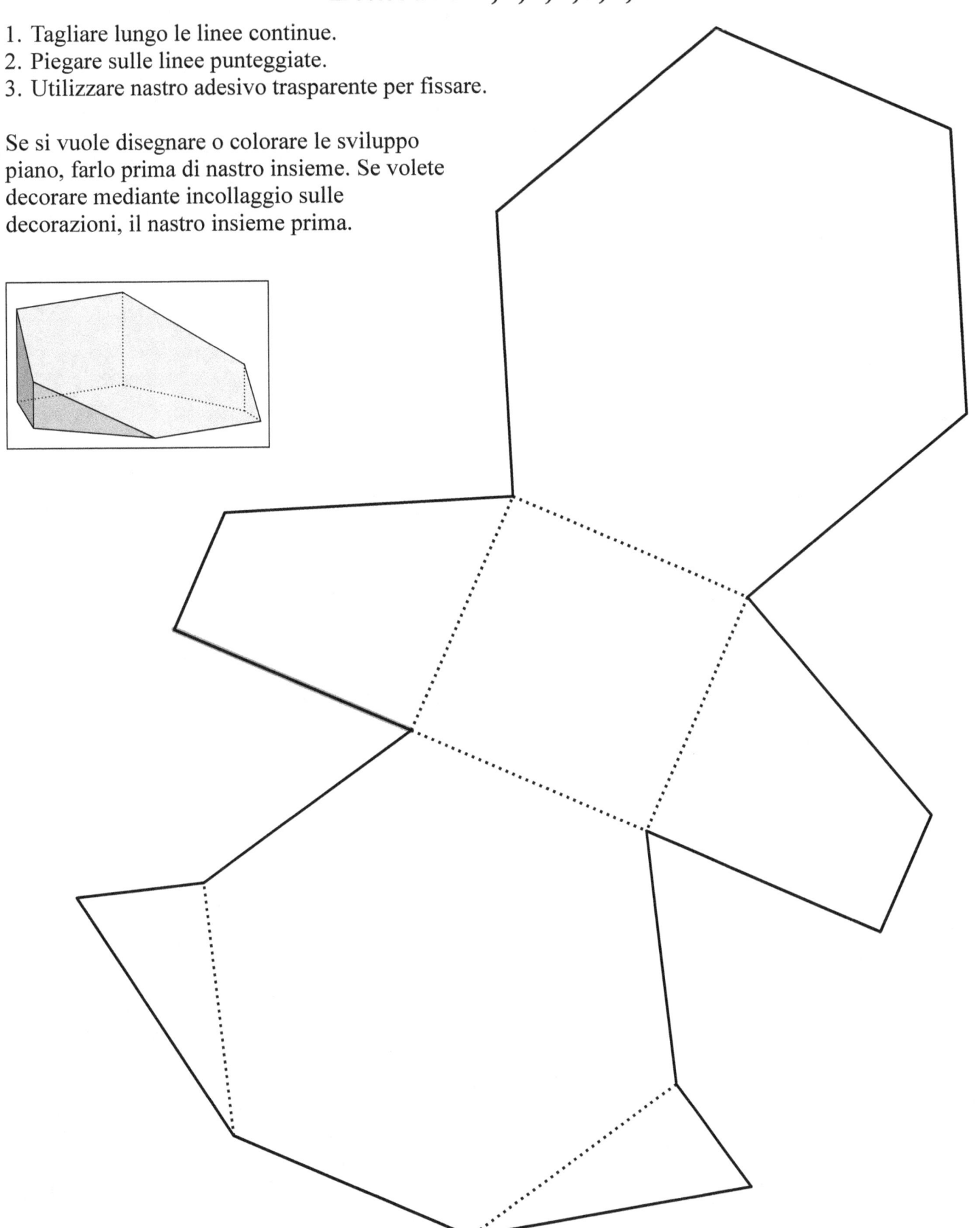

Sviluppo in piano di poliedri: Libro progetto

Prisma Esagonale

1. Tagliare lungo le linee continue.
2. Piegare sulle linee punteggiate.
3. Utilizzare nastro adesivo trasparente per fissare.

Se si vuole disegnare o colorare le sviluppo piano, farlo prima di nastro insieme. Se volete decorare mediante incollaggio sulle decorazioni, il nastro insieme prima.

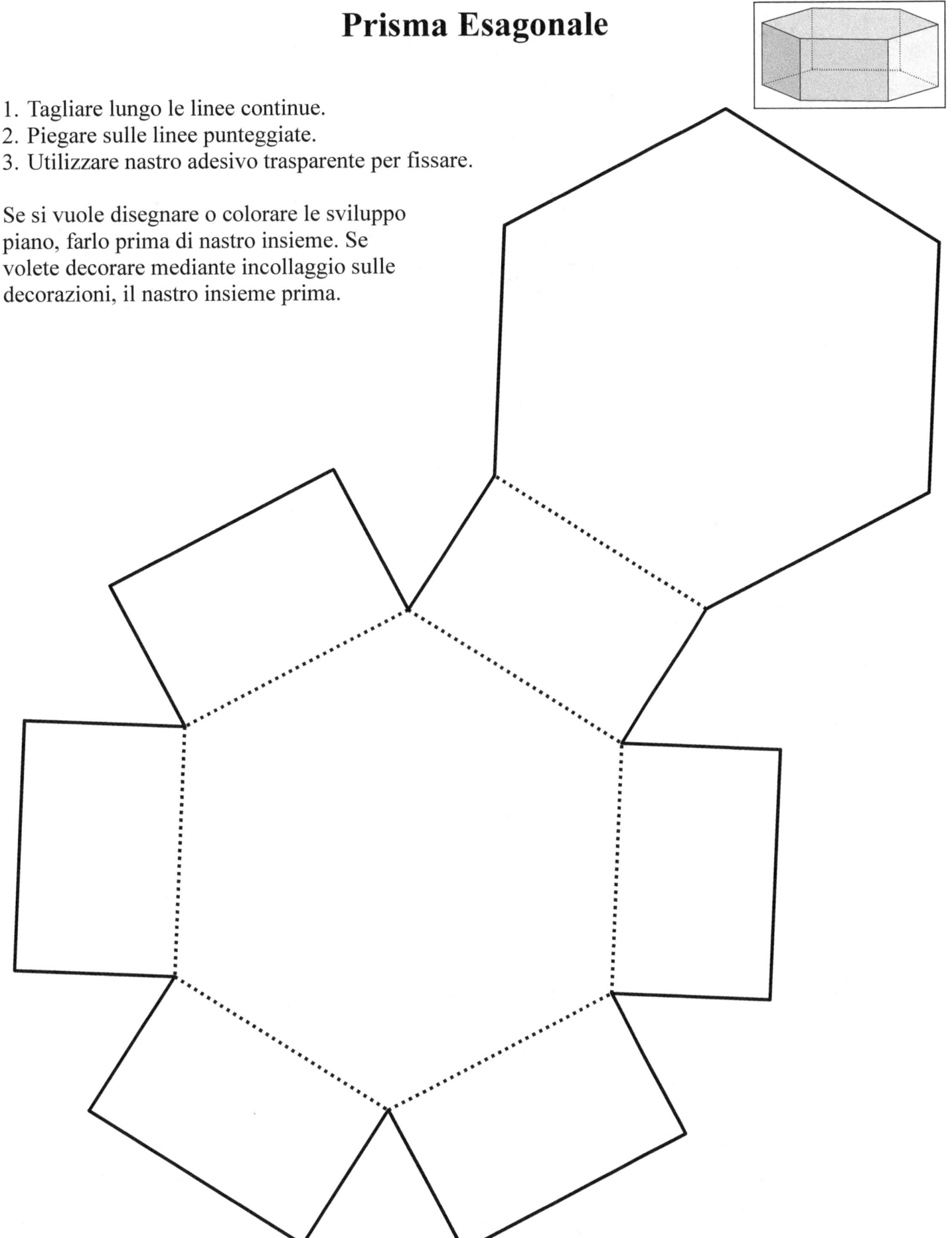

Sviluppo in piano di poliedri: Libro progetto

Pyramide Esagonale

1. Tagliare lungo le linee continue.
2. Piegare sulle linee punteggiate.
3. Utilizzare nastro adesivo trasparente per fissare.

Se si vuole disegnare o colorare le sviluppo piano, farlo prima di nastro insieme. Se volete decorare mediante incollaggio sulle decorazioni, il nastro insieme prima.

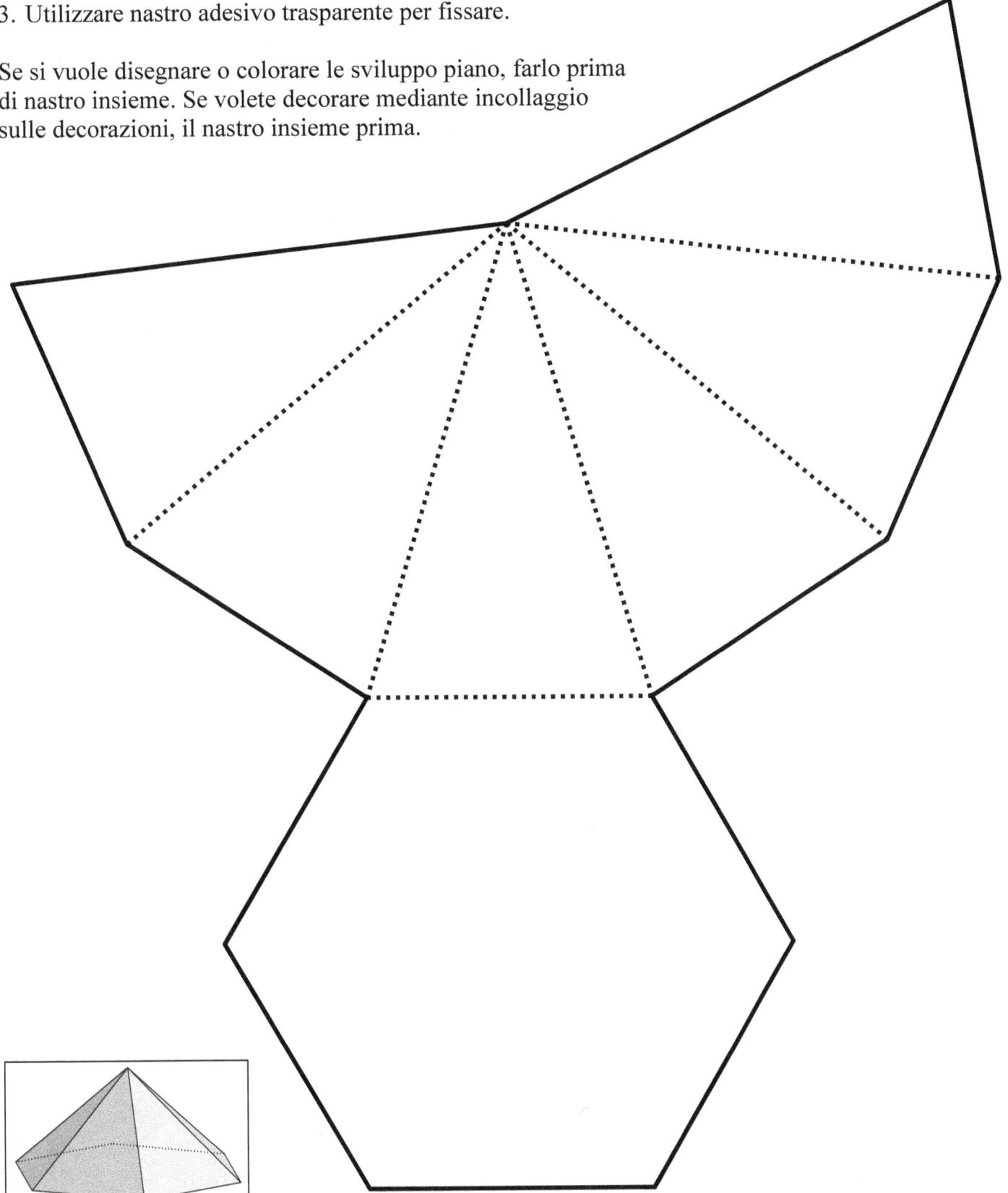

Sviluppo in piano di poliedri: Libro progetto

Esaedro 4,4,4,4,3,3

1. Tagliare lungo le linee continue.
2. Piegare sulle linee punteggiate.
3. Utilizzare nastro adesivo trasparente per fissare.

Se si vuole disegnare o colorare le sviluppo piano, farlo prima di nastro insieme. Se volete decorare mediante incollaggio sulle decorazioni, il nastro insieme prima.

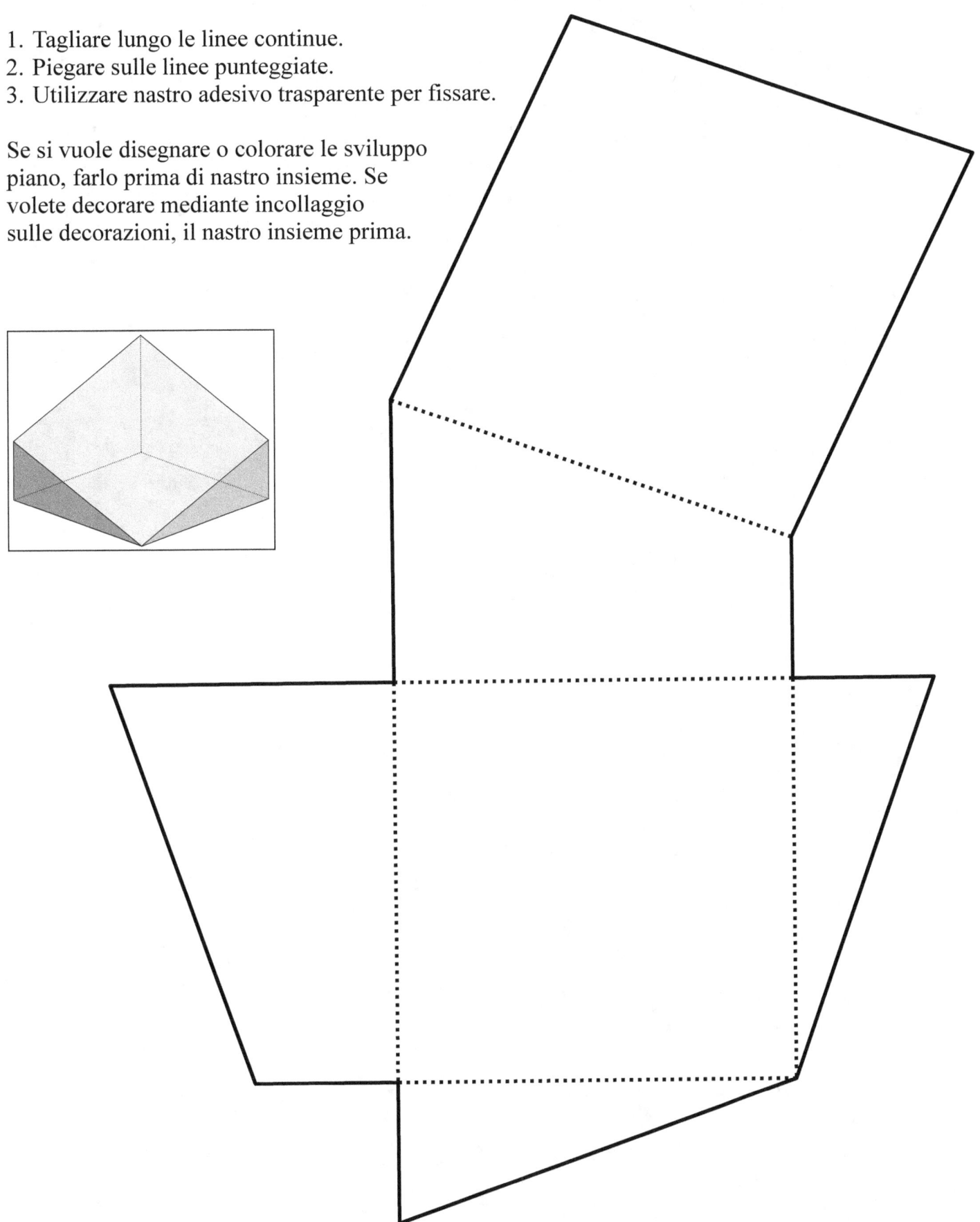

Sviluppo in piano di poliedri: Libro progetto

Esaedro 5,4,4,3,3,3

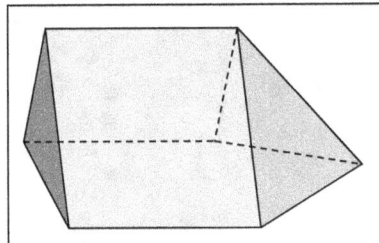

1. Tagliare lungo le linee continue.
2. Piegare sulle linee punteggiate.
3. Utilizzare nastro adesivo trasparente per fissare.

Se si vuole disegnare o colorare le sviluppo piano, farlo prima di nastro insieme. Se volete decorare mediante incollaggio sulle decorazioni, il nastro insieme prima.

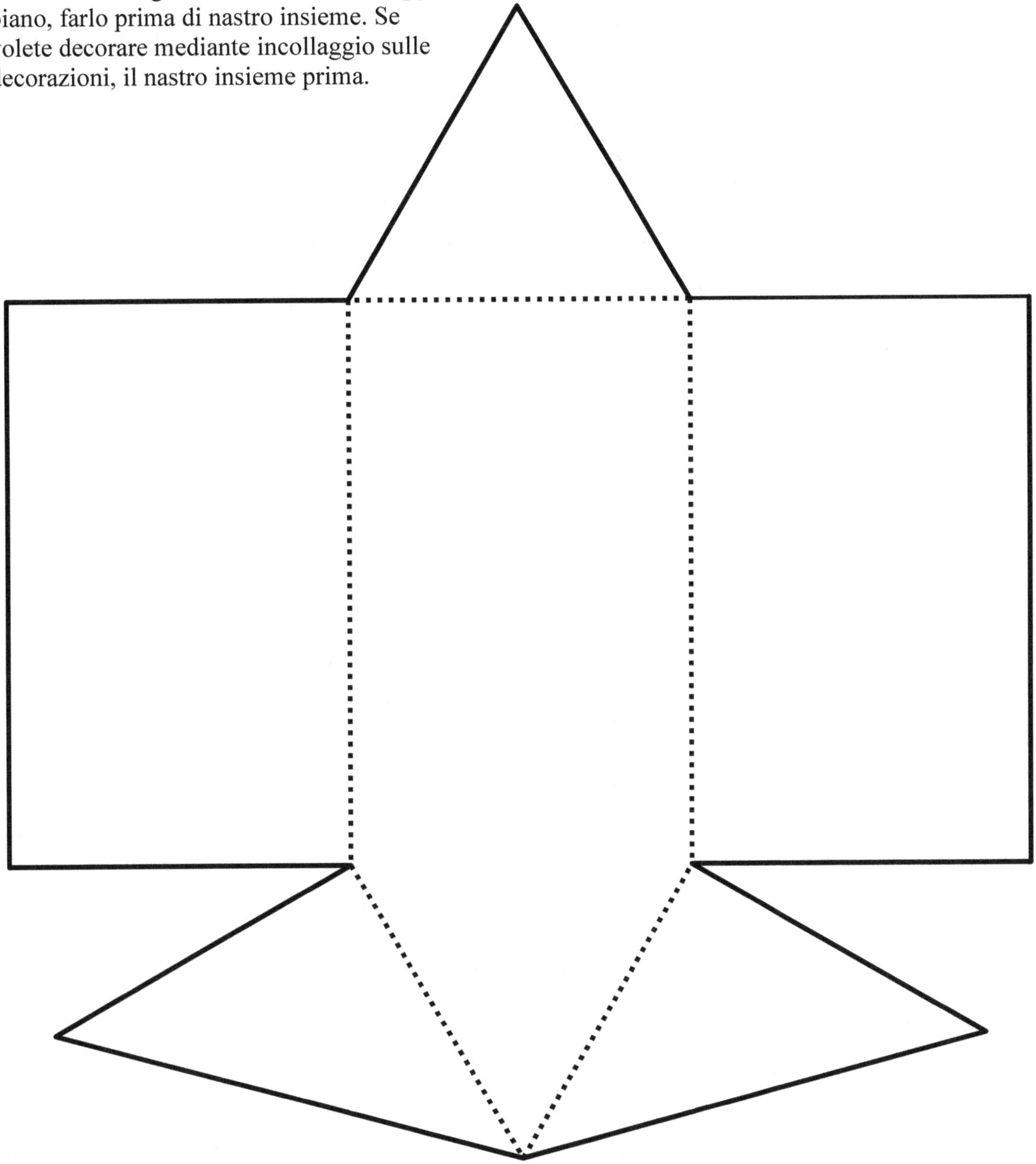

Sviluppo in piano di poliedri: Libro progetto

Esaedro 5,5,4,4,3,3

1. Tagliare lungo le linee continue.
2. Piegare sulle linee punteggiate.
3. Utilizzare nastro adesivo trasparente per fissare.

Se si vuole disegnare o colorare le sviluppo piano, farlo prima di nastro insieme. Se volete decorare mediante incollaggio sulle decorazioni, il nastro insieme prima.

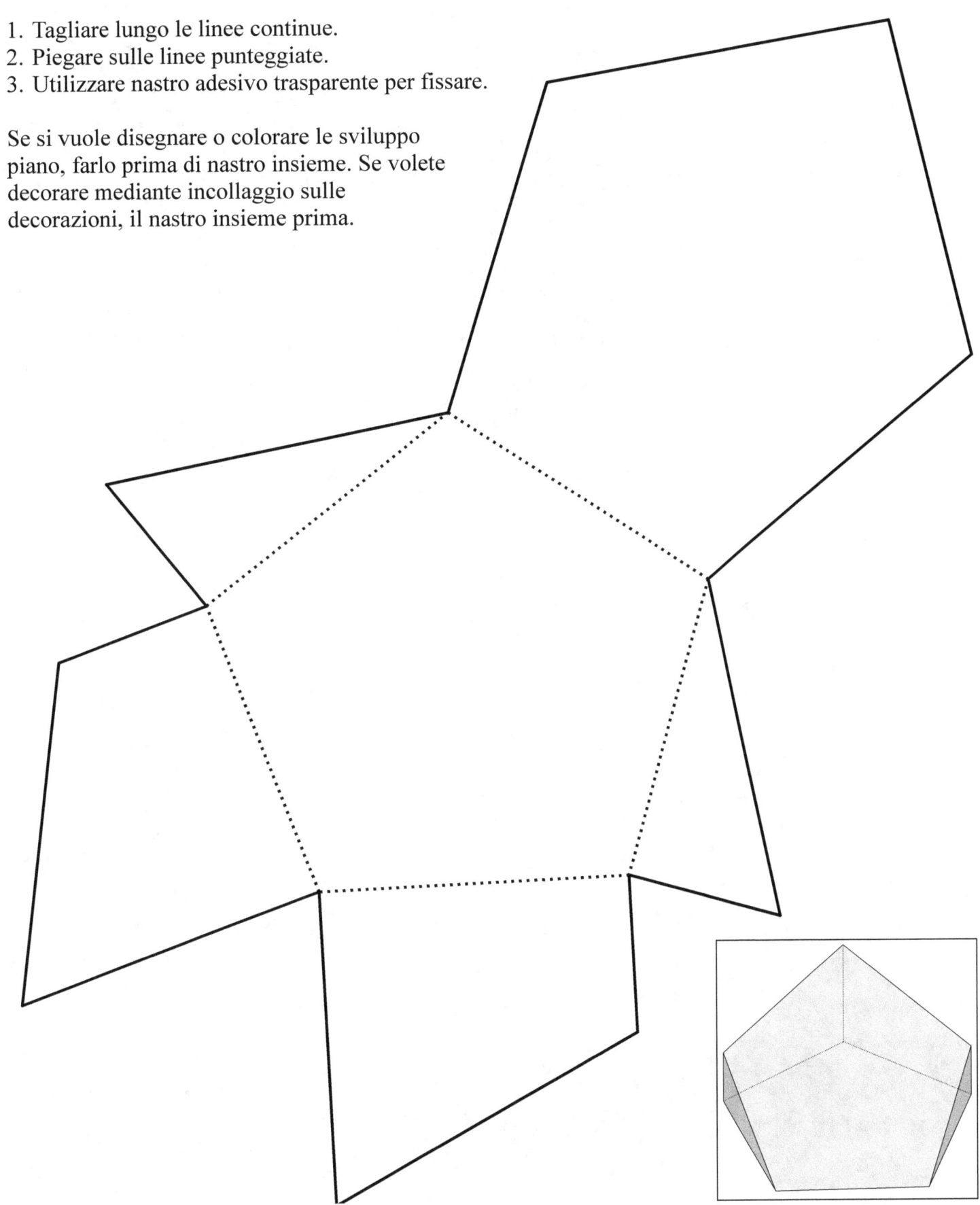

Sviluppo in piano di poliedri: Libro progetto

Icosaedro regolare

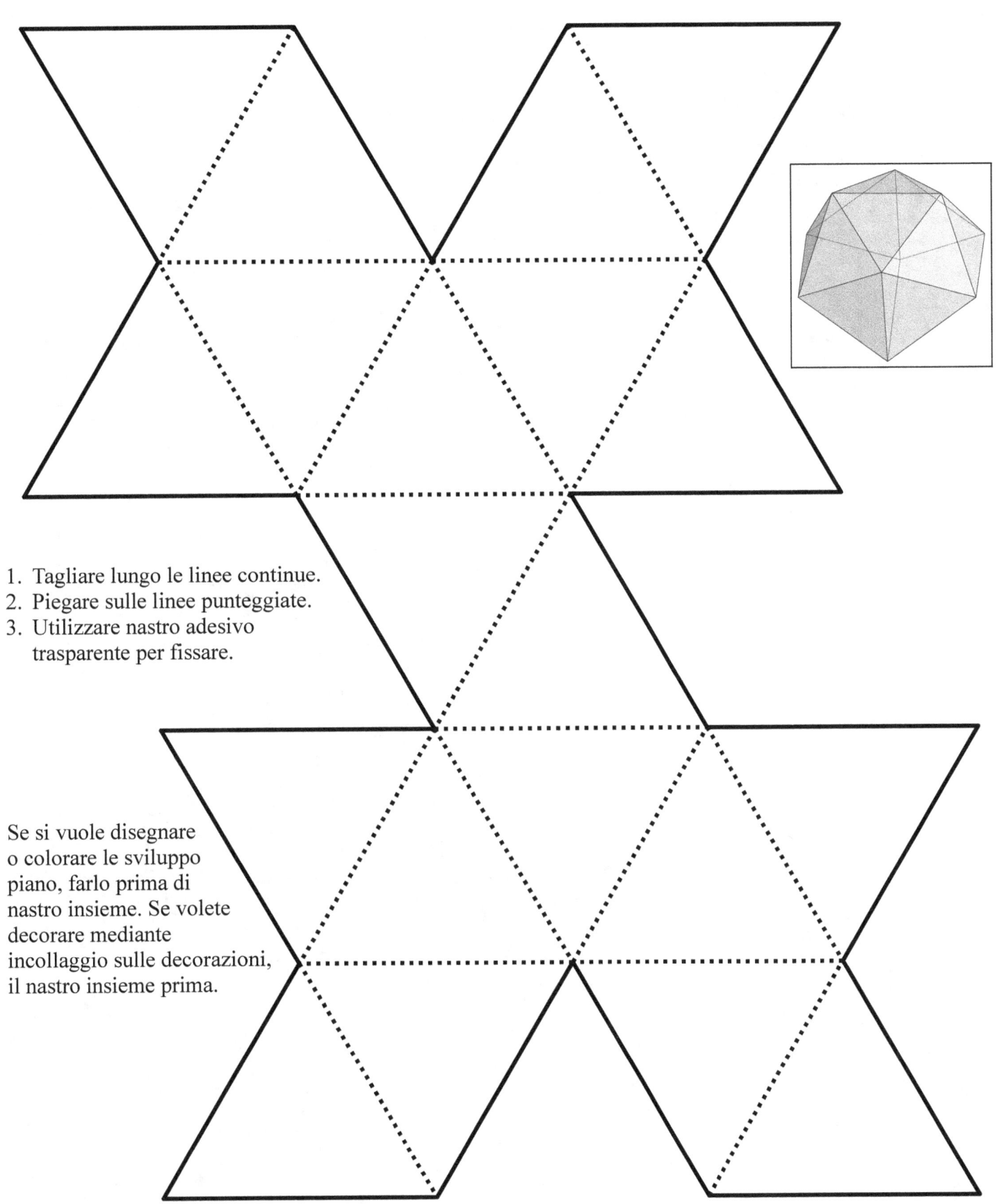

1. Tagliare lungo le linee continue.
2. Piegare sulle linee punteggiate.
3. Utilizzare nastro adesivo trasparente per fissare.

Se si vuole disegnare o colorare le sviluppo piano, farlo prima di nastro insieme. Se volete decorare mediante incollaggio sulle decorazioni, il nastro insieme prima.

Sviluppo in piano di poliedri: Libro progetto

Icosidodecaedro

1. Tagliare lungo le linee continue.
2. Piegare sulle linee punteggiate.
3. Utilizzare nastro adesivo trasparente per fissare.

Se si vuole disegnare o colorare le sviluppo piano, farlo prima di nastro insieme. Se volete decorare mediante incollaggio sulle decorazioni, il nastro insieme prima.

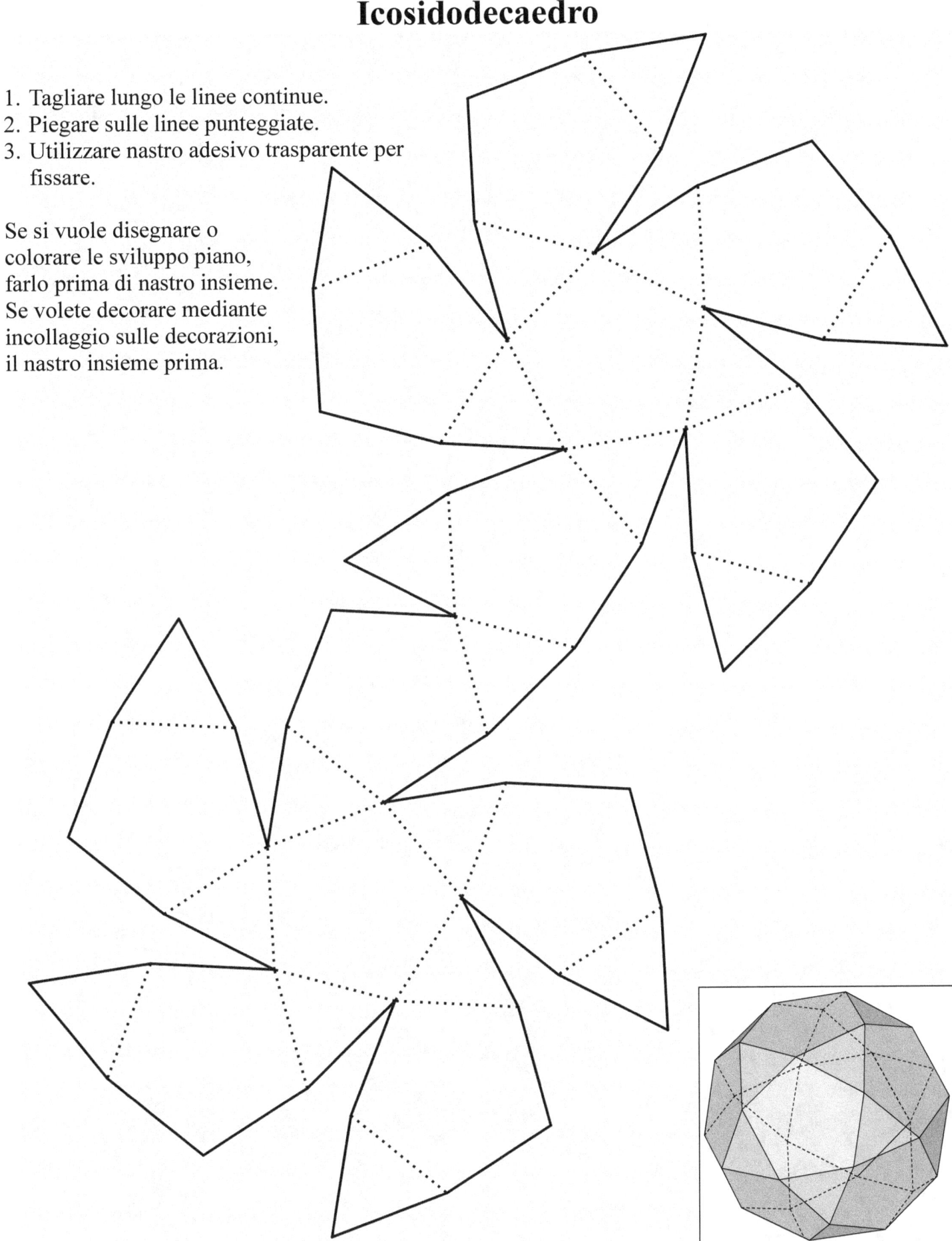

Sviluppo in piano di poliedri: Libro progetto

Piramide quadrata obliquo

1. Tagliare lungo le linee continue.
2. Piegare sulle linee punteggiate.
3. Utilizzare nastro adesivo trasparente per fissare.

Se si vuole disegnare o colorare le sviluppo piano, farlo prima di nastro insieme. Se volete decorare mediante incollaggio sulle decorazioni, il nastro insieme prima.

Sviluppo in piano di poliedri: Libro progetto

Copyright 2015. Può essere copiato per, solo per uso didattico non commerciale incidentale. Vedi nota di copyright per ulteriori informazioni.

Antiprisma ottagonale

1. Tagliare lungo le linee continue.
2. Piegare sulle linee punteggiate.
3. Utilizzare nastro adesivo trasparente per fissare.

Se si vuole disegnare o colorare le sviluppo piano, farlo prima di nastro insieme. Se volete decorare mediante incollaggio sulle decorazioni, il nastro insieme prima.

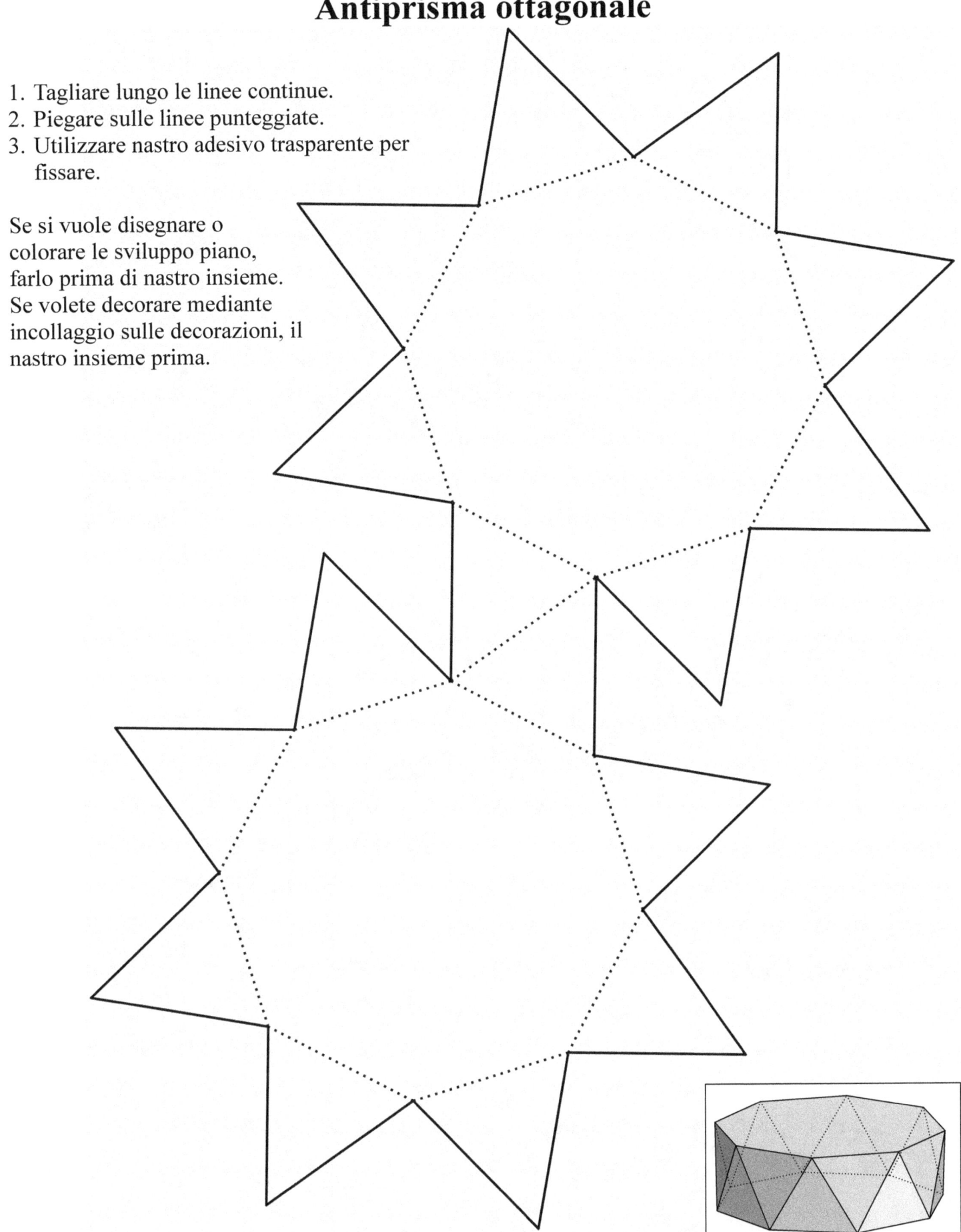

Sviluppo in piano di poliedri: Libro progetto

Ottaedro regolare

1. Tagliare lungo le linee continue.
2. Piegare sulle linee punteggiate.
3. Utilizzare nastro adesivo trasparente per fissare.

Se si vuole disegnare o colorare le sviluppo piano, farlo prima di nastro insieme. Se volete decorare mediante incollaggio sulle decorazioni, il nastro insieme prima.

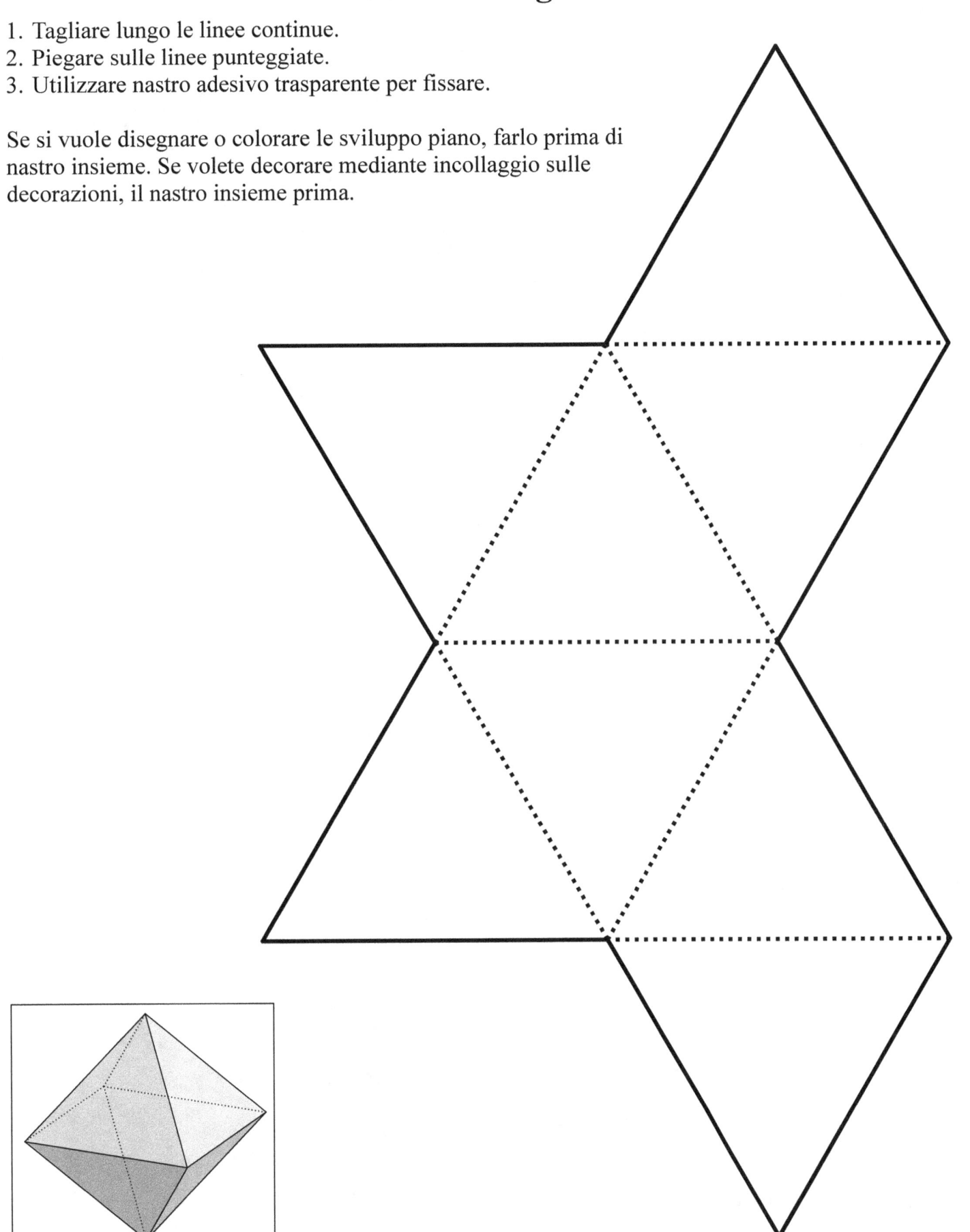

Sviluppo in piano di poliedri: Libro progetto

Copyright 2015. Può essere copiato per, solo per uso didattico non commerciale incidentale. Vedi nota di copyright per ulteriori informazioni.

Antiprisma pentagonale

1. Tagliare lungo le linee continue.
2. Piegare sulle linee punteggiate.
3. Utilizzare nastro adesivo trasparente per fissare.

Se si vuole disegnare o colorare le sviluppo piano, farlo prima di nastro insieme. Se volete decorare mediante incollaggio sulle decorazioni, il nastro insieme prima.

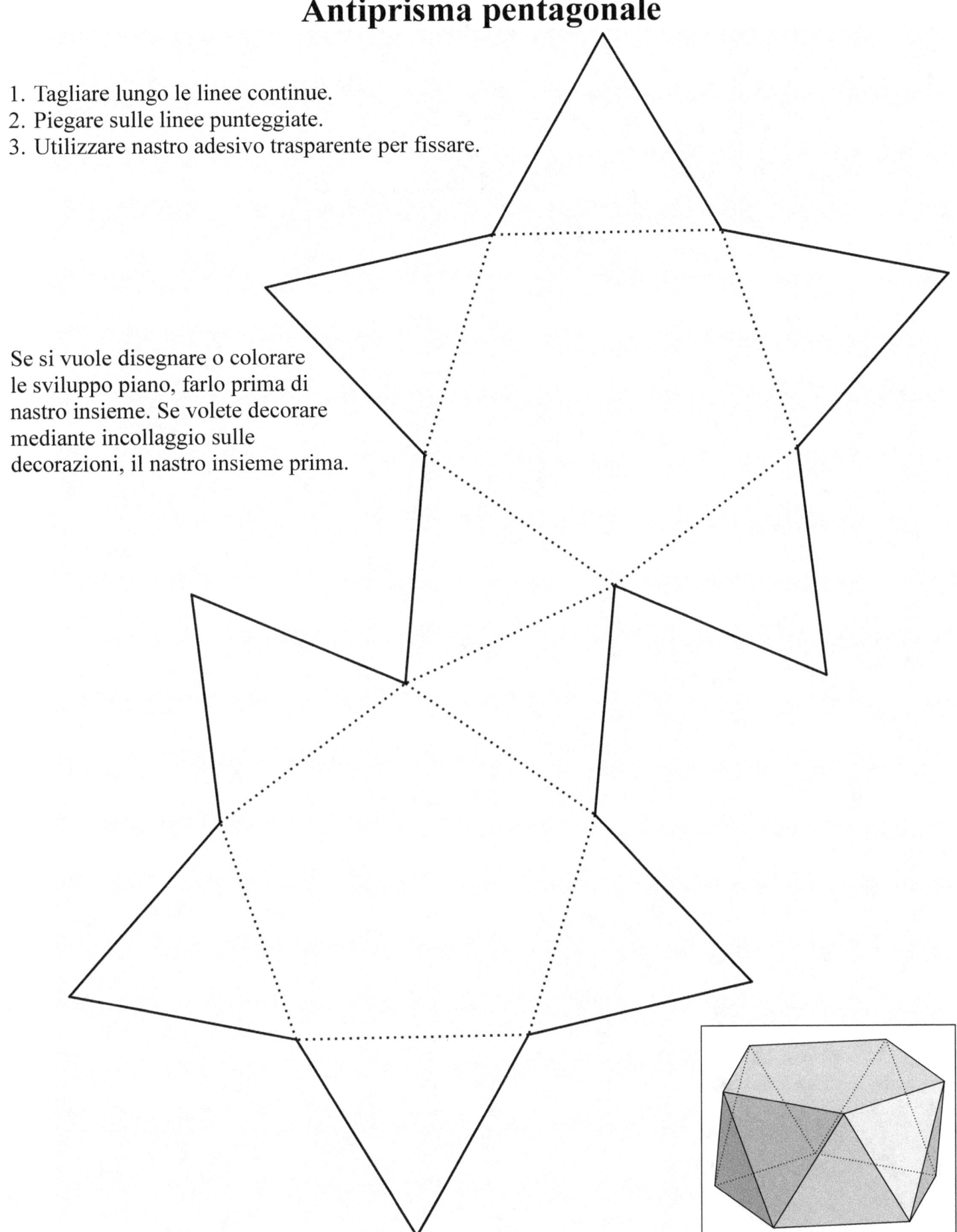

Sviluppo in piano di poliedri: Libro progetto

Cupola pentagonale

1. Tagliare lungo le linee continue.
2. Piegare sulle linee punteggiate.
3. Utilizzare nastro adesivo trasparente per fissare.

Se si vuole disegnare o colorare le sviluppo piano, farlo prima di nastro insieme. Se volete decorare mediante incollaggio sulle decorazioni, il nastro insieme prima.

Sviluppo in piano di poliedri: Libro progetto

Copyright 2015. Può essere copiato per, solo per uso didattico non commerciale incidentale. Vedi nota di copyright per ulteriori informazioni.

Dipiramide pentagonale

1. Tagliare lungo le linee continue.
2. Piegare sulle linee punteggiate.
3. Utilizzare nastro adesivo trasparente per fissare.

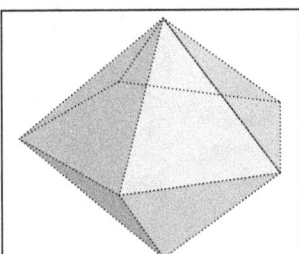

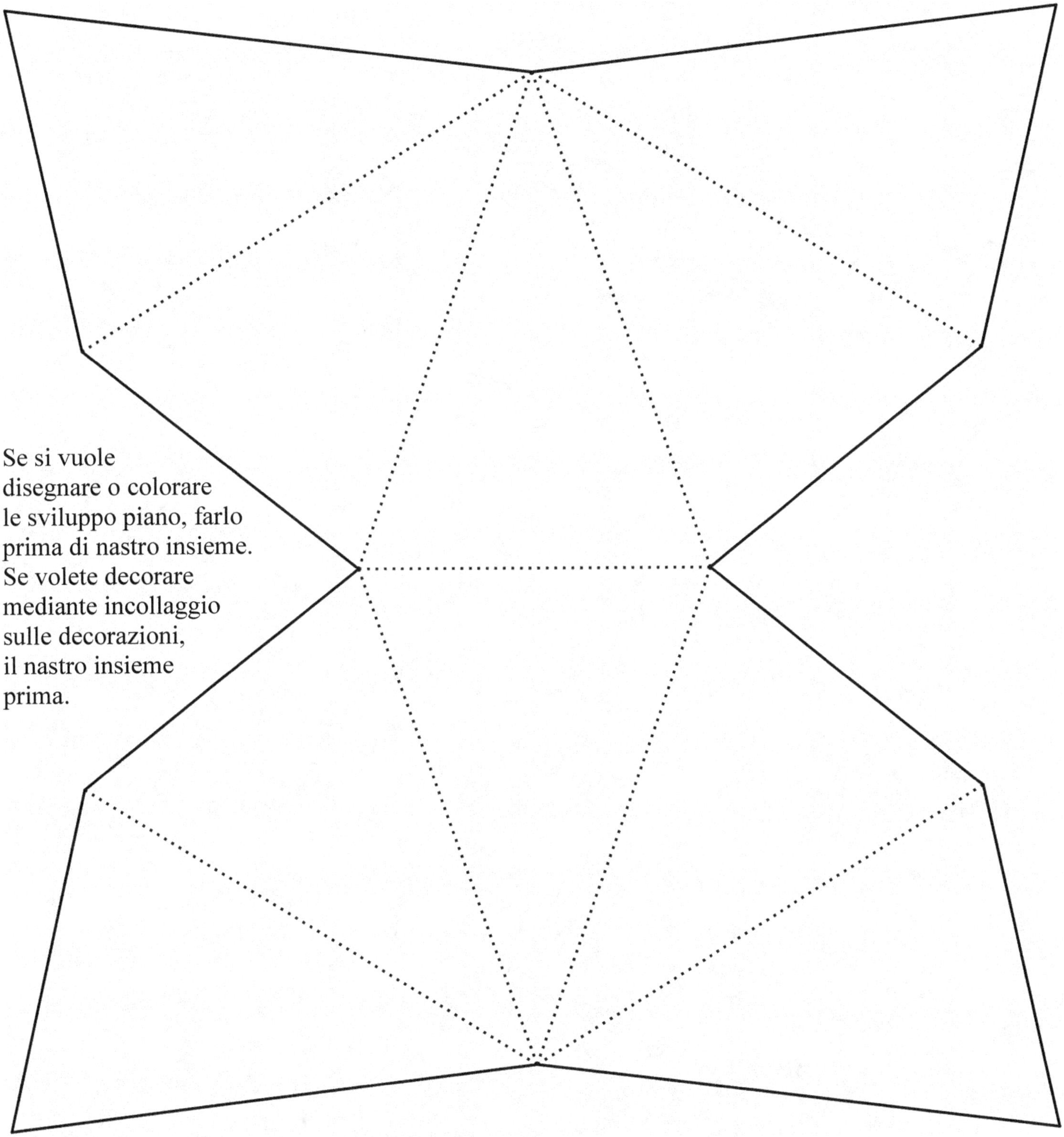

Se si vuole
disegnare o colorare
le sviluppo piano, farlo
prima di nastro insieme.
Se volete decorare
mediante incollaggio
sulle decorazioni,
il nastro insieme
prima.

Sviluppo in piano di poliedri: Libro progetto

Prisma pentagonale

1. Tagliare lungo le linee continue.
2. Piegare sulle linee punteggiate.
3. Utilizzare nastro adesivo trasparente per fissare.

Se si vuole disegnare o colorare le sviluppo piano, farlo prima di nastro insieme. Se volete decorare mediante incollaggio sulle decorazioni, il nastro insieme prima.

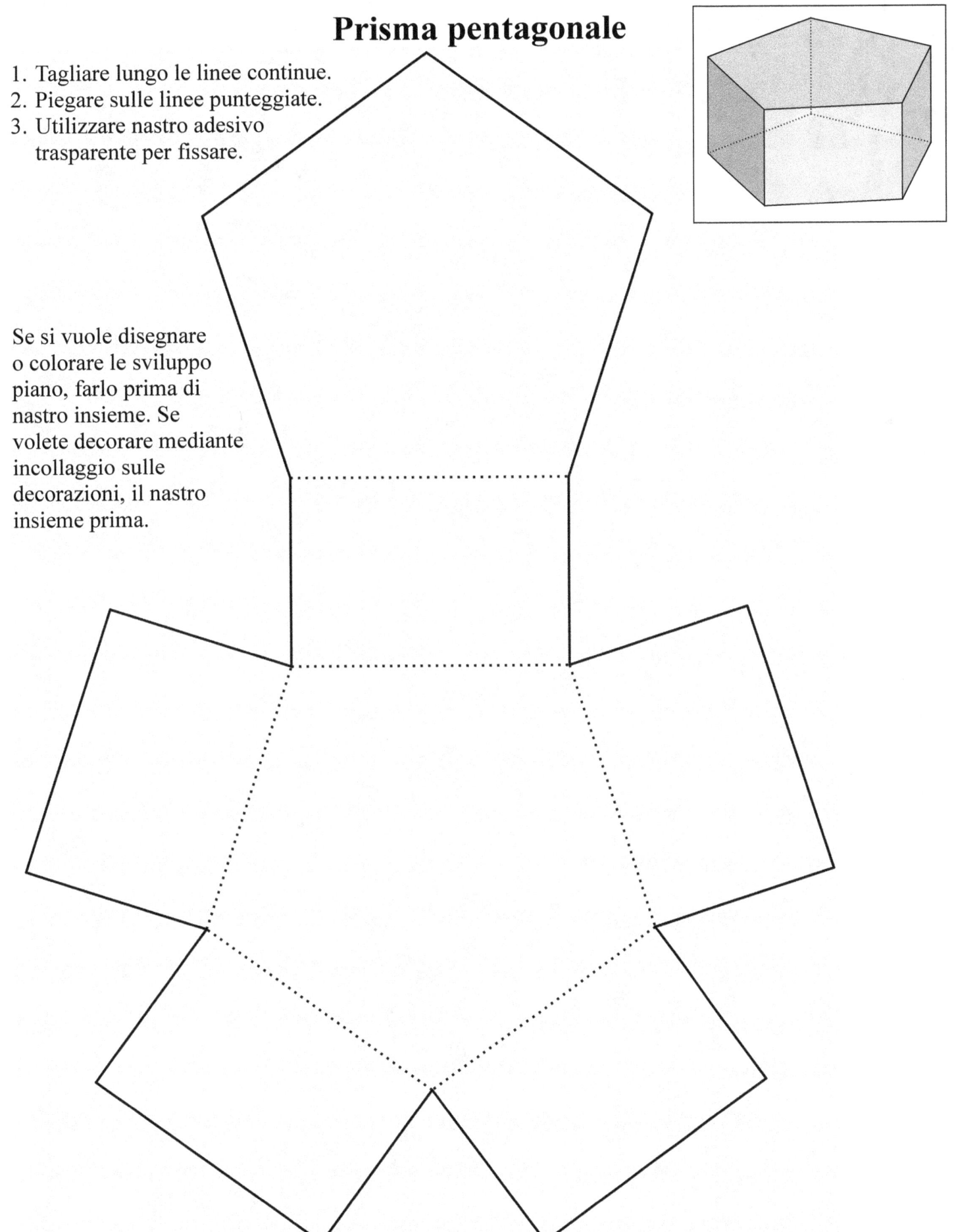

Sviluppo in piano di poliedri: Libro progetto

Piramide pentagonale

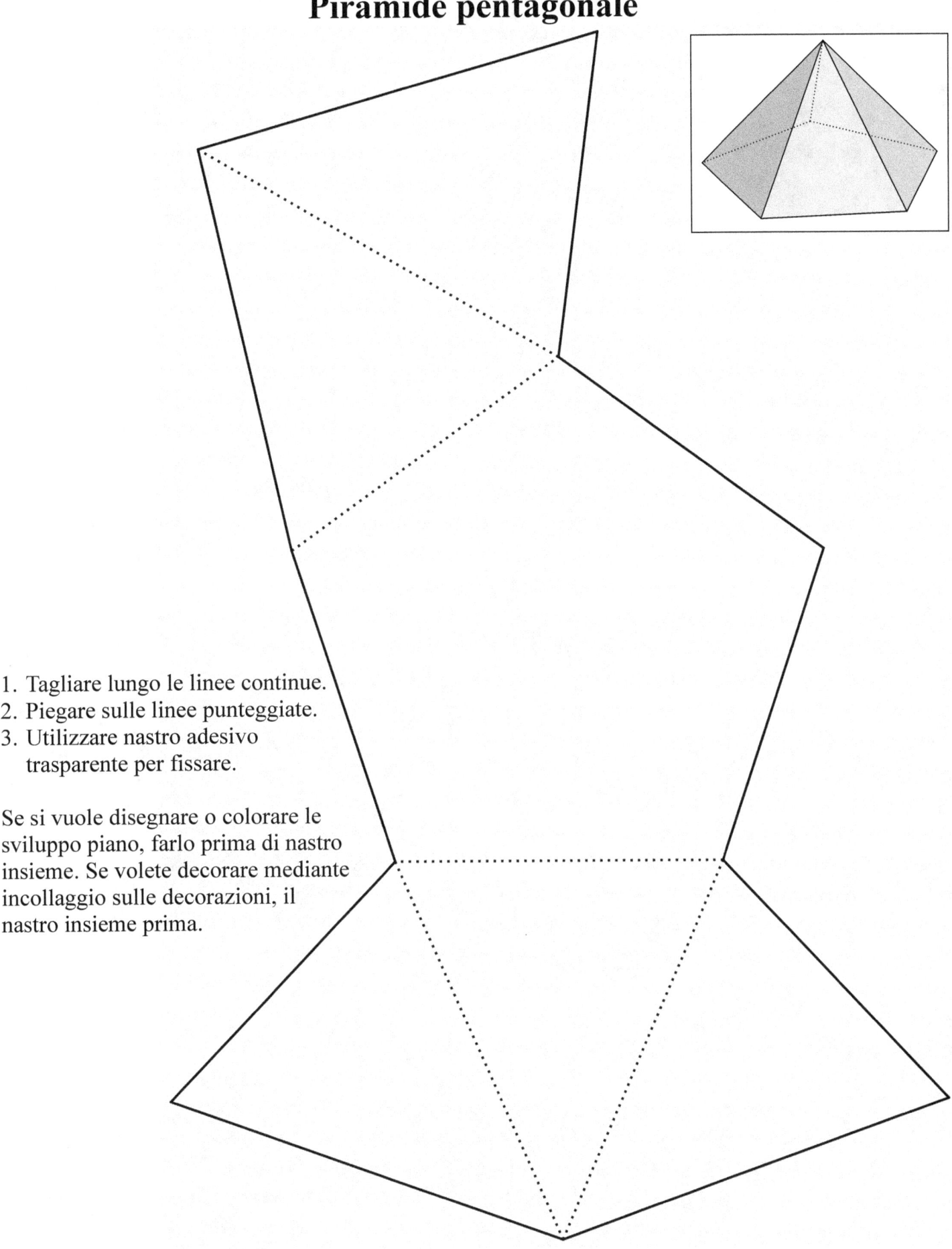

1. Tagliare lungo le linee continue.
2. Piegare sulle linee punteggiate.
3. Utilizzare nastro adesivo trasparente per fissare.

Se si vuole disegnare o colorare le sviluppo piano, farlo prima di nastro insieme. Se volete decorare mediante incollaggio sulle decorazioni, il nastro insieme prima.

Sviluppo in piano di poliedri: Libro progetto

Rotunda pentagonale

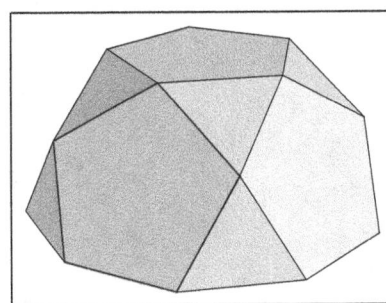

1. Tagliare lungo le linee continue.
2. Piegare sulle linee punteggiate.
3. Utilizzare nastro adesivo trasparente per fissare.

Se si vuole disegnare o colorare le sviluppo piano, farlo prima di nastro insieme. Se volete decorare mediante incollaggio sulle decorazioni, il nastro insieme prima.

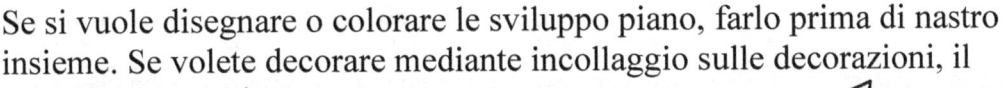

Prisma di una stella pentagonale

1. Tagliare lungo le linee continue.
2. Piegare sulle linee punteggiate.
3. Utilizzare nastro adesivo trasparente per fissare.

Se si vuole disegnare o colorare le sviluppo piano, farlo prima di nastro insieme. Se volete decorare mediante incollaggio sulle decorazioni, il nastro insieme prima.

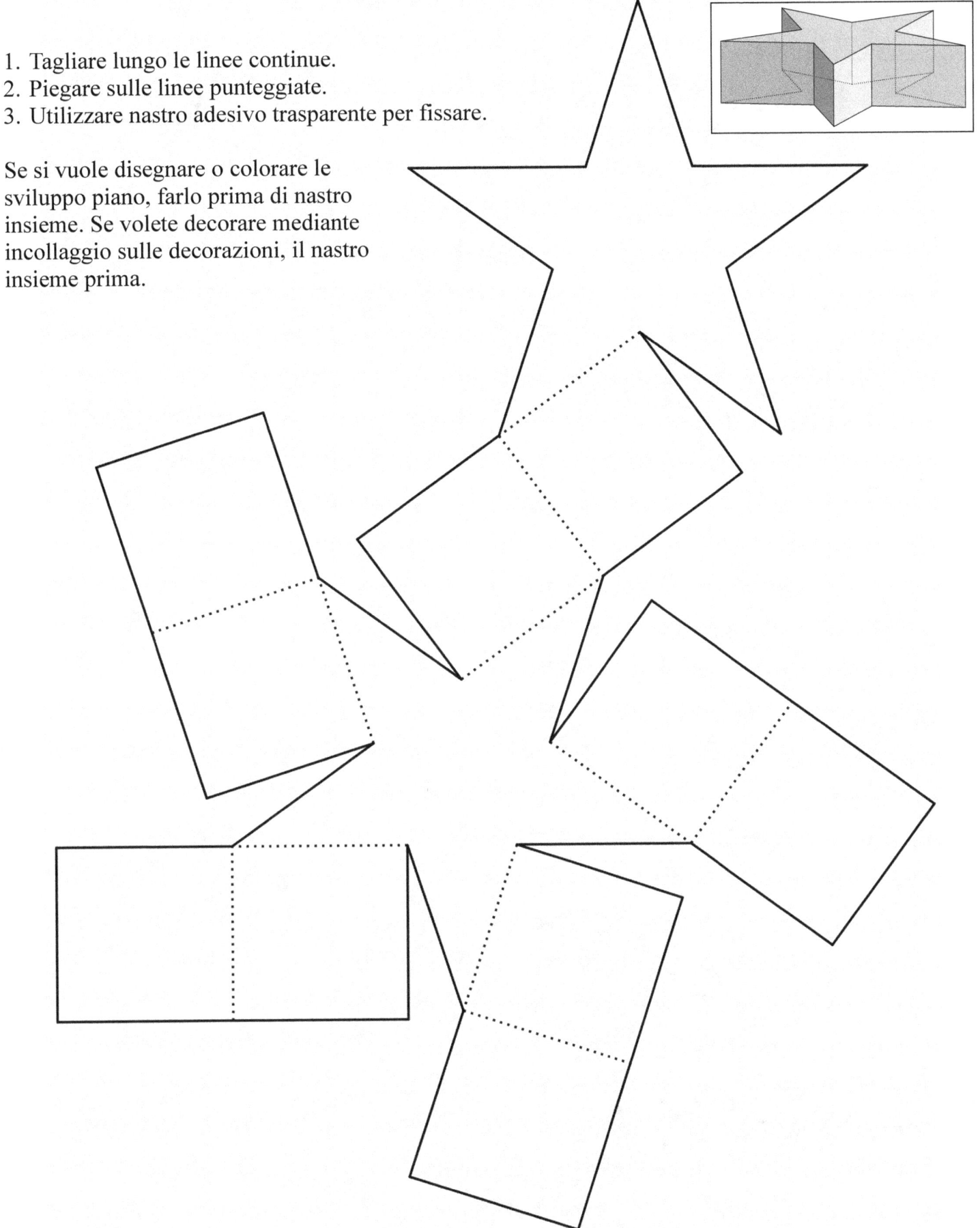

Sviluppo in piano di poliedri: Libro progetto

Piramide rettangolare

1. Tagliare lungo le linee continue.
2. Piegare sulle linee punteggiate.
3. Utilizzare nastro adesivo trasparente per fissare.

Se si vuole disegnare o colorare le sviluppo piano, farlo prima di nastro insieme. Se volete decorare mediante incollaggio sulle decorazioni, il nastro insieme prima.

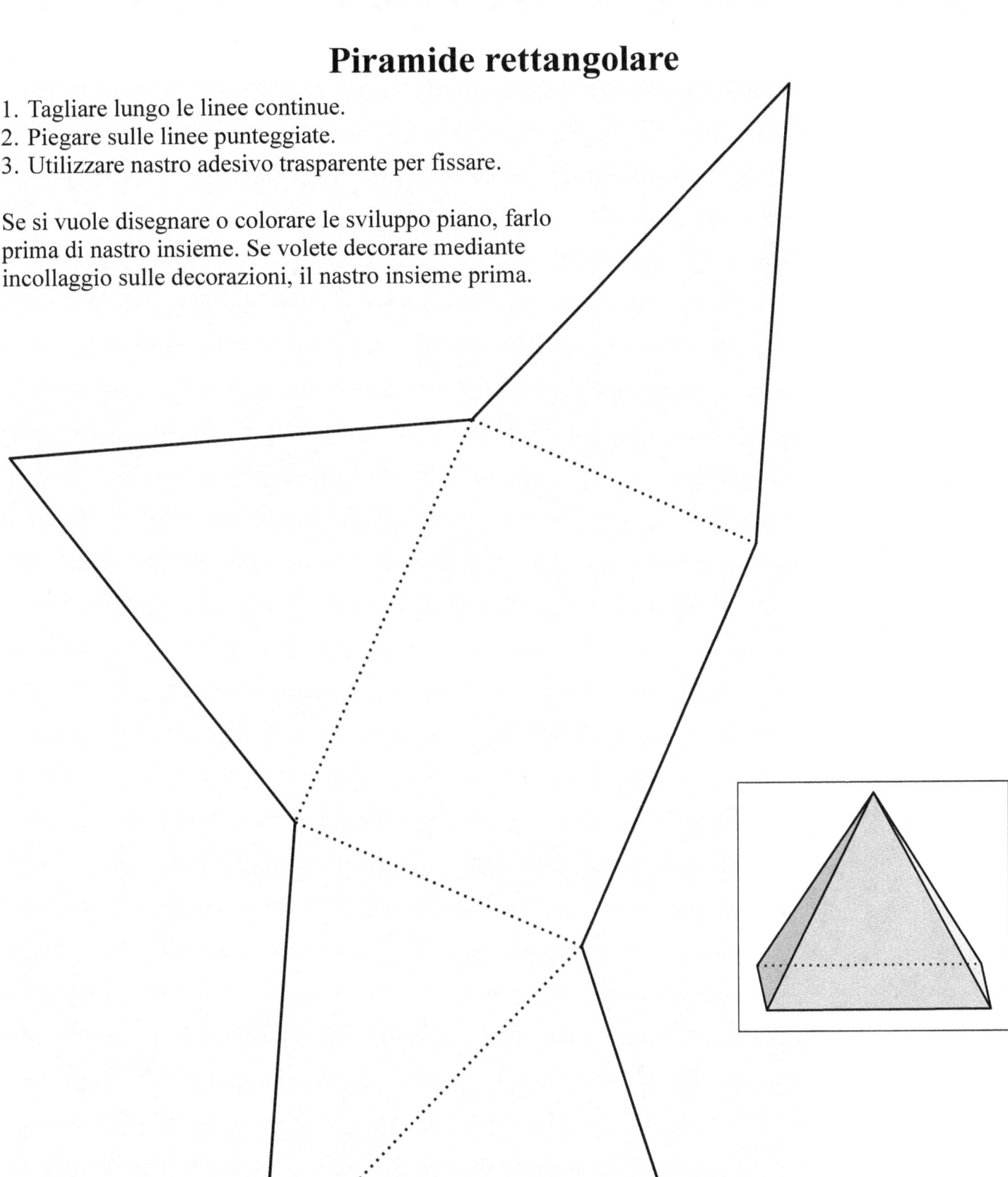

Sviluppo in piano di poliedri: Libro progetto

Prisma rombico

1. Tagliare lungo le linee continue.
2. Piegare sulle linee punteggiate.
3. Utilizzare nastro adesivo trasparente per fissare.

Se si vuole disegnare o colorare le sviluppo piano, farlo prima di nastro insieme. Se volete decorare mediante incollaggio sulle decorazioni, il nastro insieme prima.

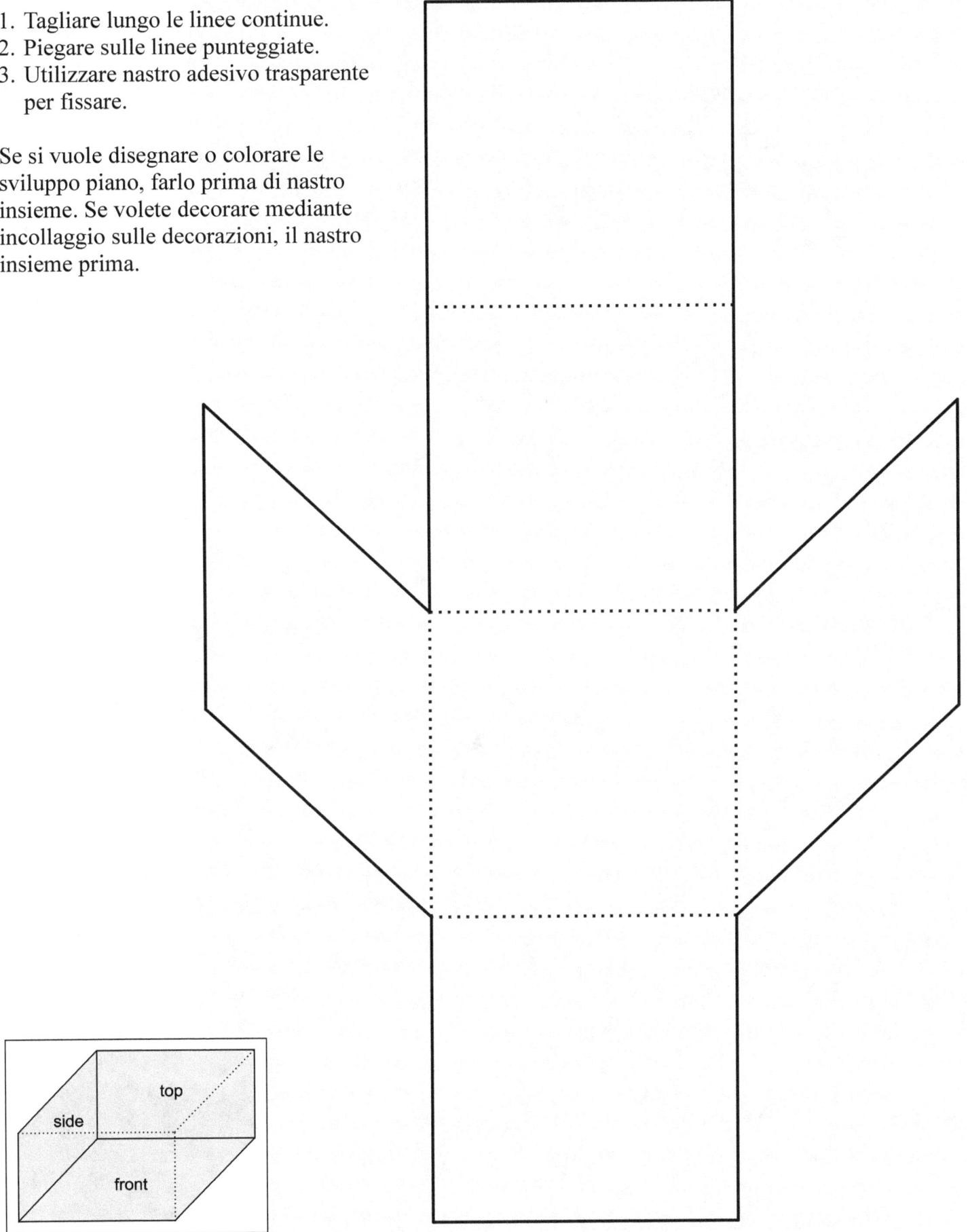

Sviluppo in piano di poliedri: Libro progetto

Rombicubottaedro

1. Tagliare lungo le linee continue.
2. Piegare sulle linee punteggiate.
3. Utilizzare nastro adesivo trasparente per fissare.

Se si vuole disegnare o colorare le sviluppo piano, farlo prima di nastro insieme. Se volete decorare mediante incollaggio sulle decorazioni, il nastro insieme prima.

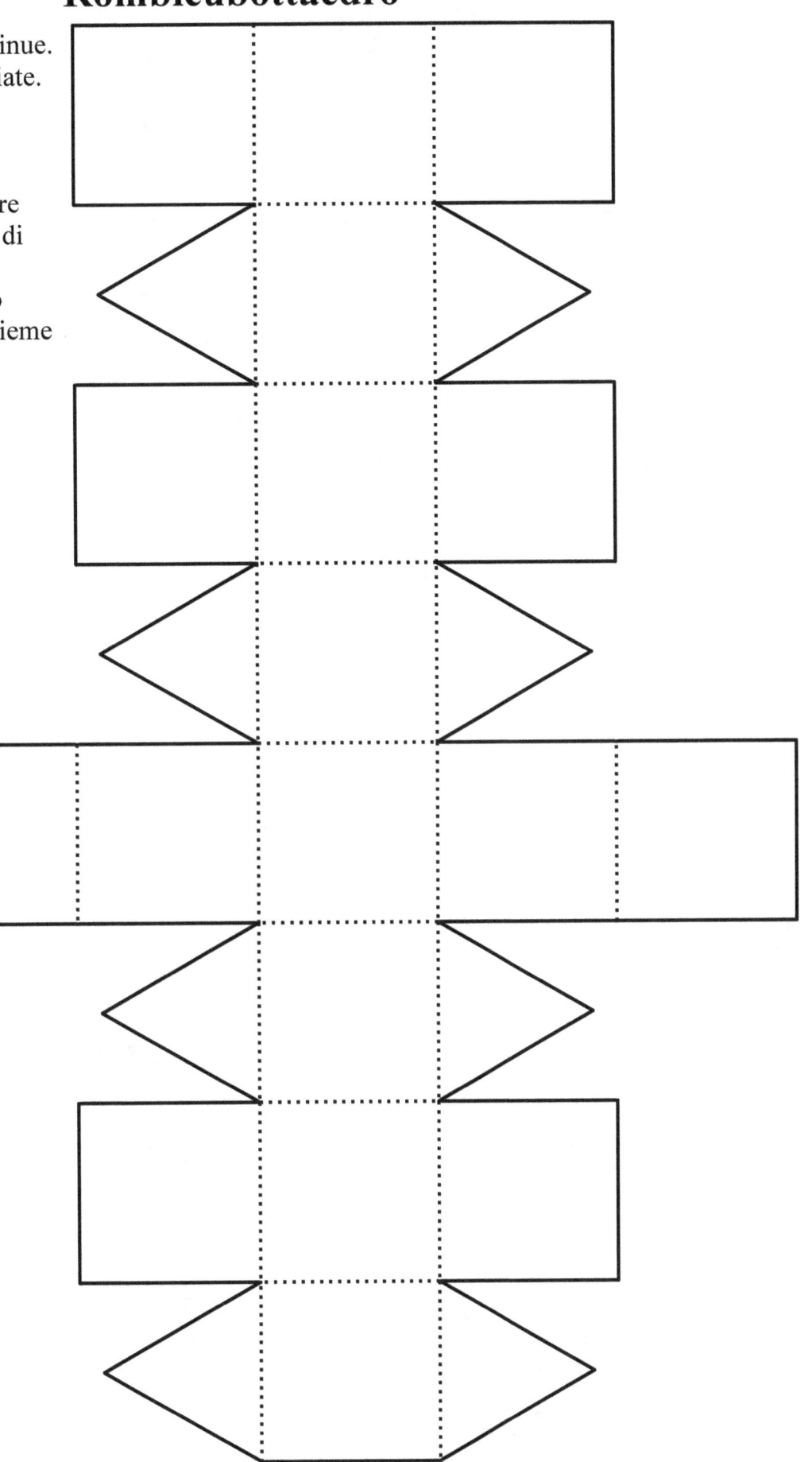

Sviluppo in piano di poliedri: Libro progetto

Piccolo rombicubottaedro

1. Questa è un sviluppo piano di poliedro in due parti. Copia di questa pagina e la successiva.
2. Ritagliare entrambe forme lungo le linee continue.
3. Nastro le due forme insieme a il segmento di linea etichettata 'G'.
4. Piegare sulle linee punteggiate.
5. Ripiegare all'indietro sulle linee tratteggiate.
6. Utilizzare nastro adesivo trasparente per fissare.

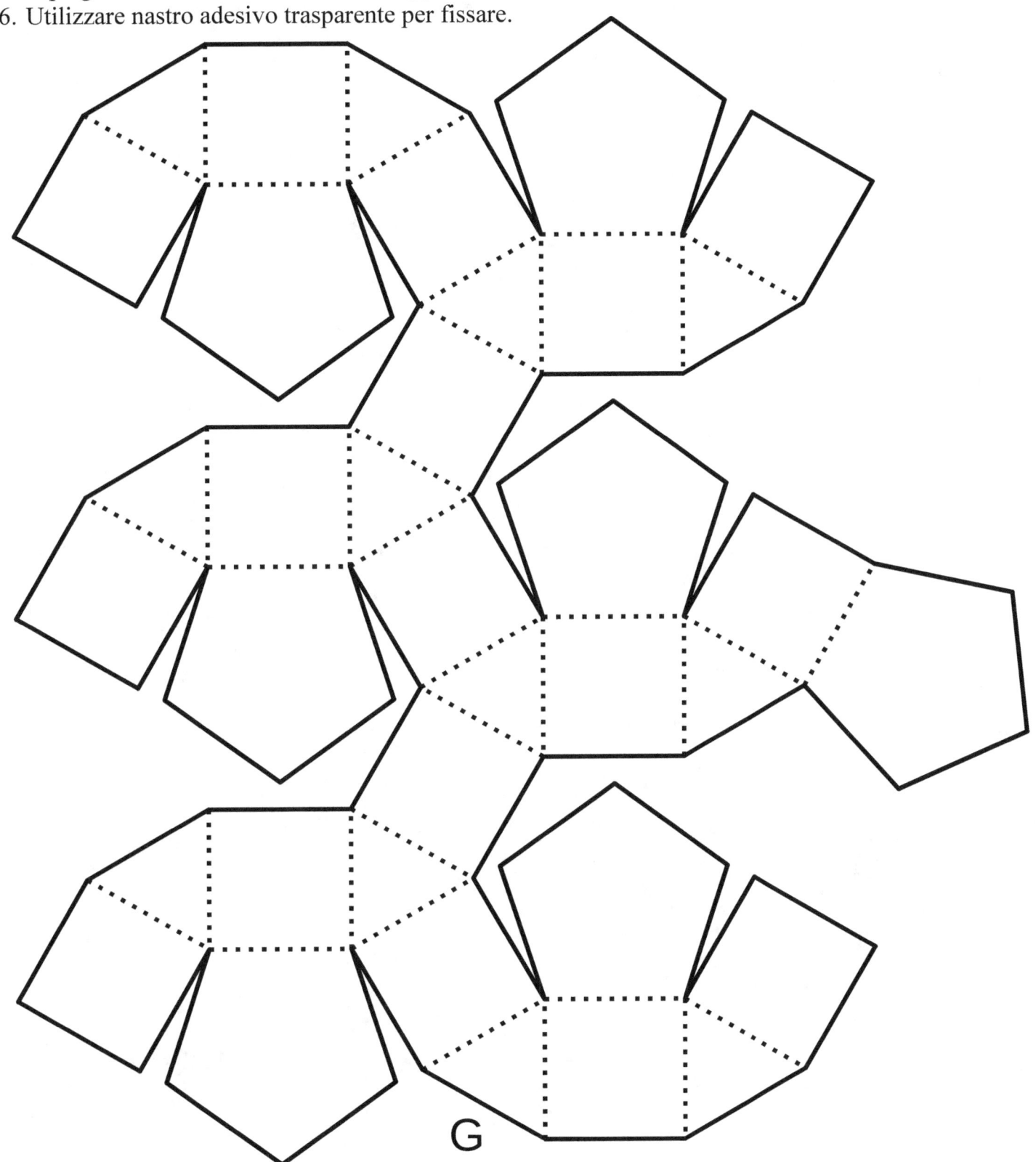

Sviluppo in piano di poliedri: Libro progetto

Se si vuole disegnare o colorare le sviluppo piano, farlo prima di nastro insieme. Se volete decorare mediante incollaggio sulle decorazioni, il nastro insieme prima.

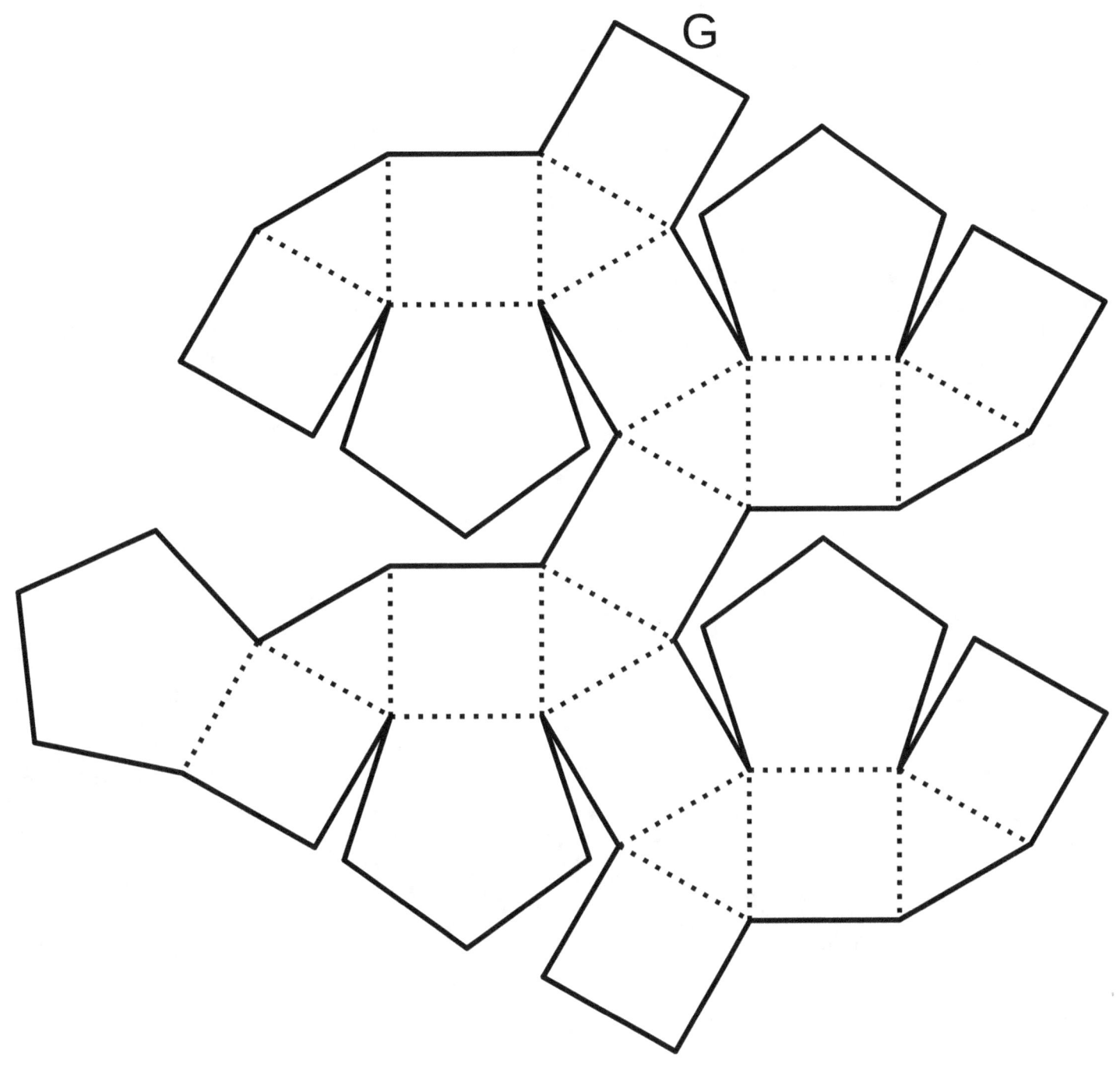

Sviluppo in piano di poliedri: Libro progetto

Piccolo dodecaedro stellato

1. Questa è un sviluppo piano di poliedro in due parti. Copia di questa pagina e la successiva.
2. Ritagliare entrambe forme lungo le linee continue.
3. Nastro le due forme insieme a il segmento di linea etichettata 'A'.
4. Piegare sulle linee punteggiate.
5. Ripiegare all'indietro sulle linee tratteggiate.
6. Utilizzare nastro adesivo trasparente per fissare.

Se si vuole disegnare o colorare le sviluppo piano, farlo prima di nastro insieme. Se volete decorare mediante incollaggio sulle decorazioni, il nastro insieme prima.

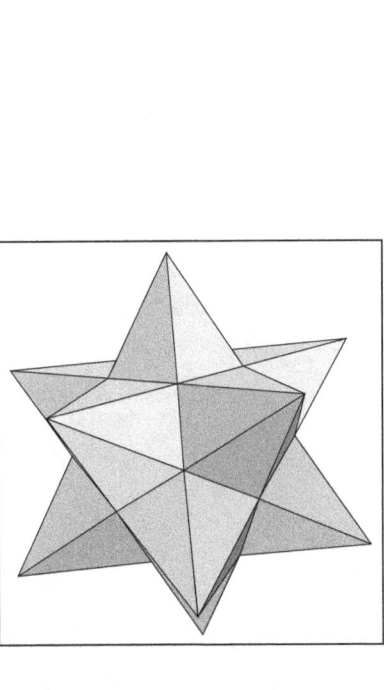
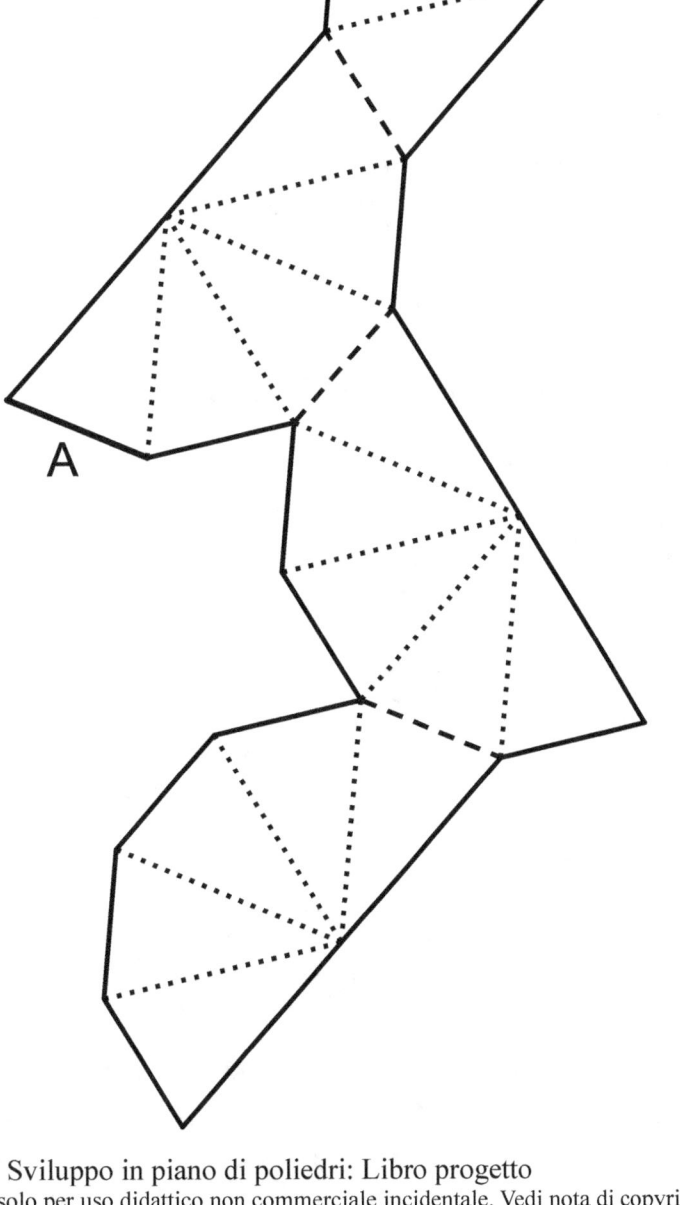

Sviluppo in piano di poliedri: Libro progetto

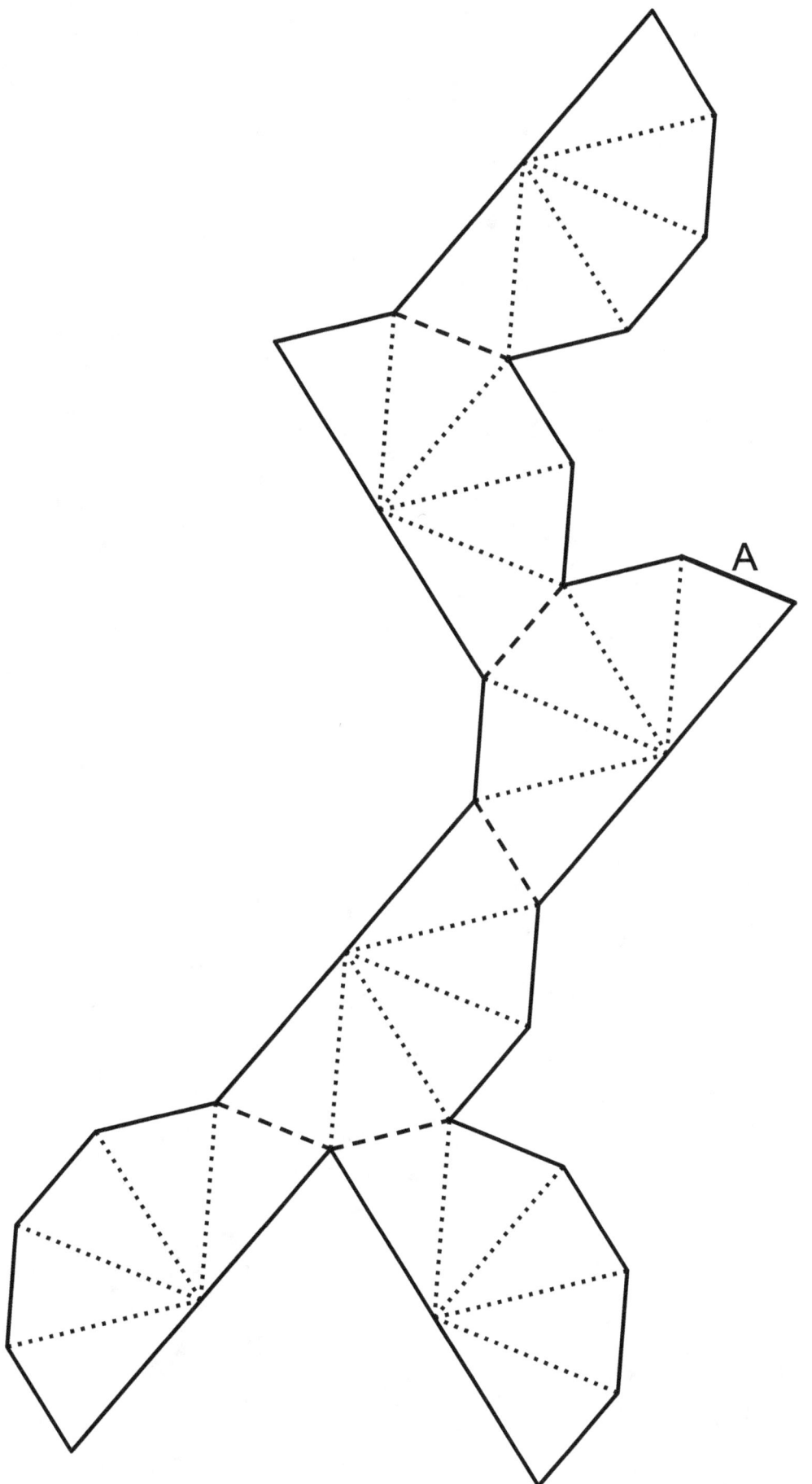

Cubo simo

1. Questa è un sviluppo piano di poliedro in due parti. Copia di questa pagina e la successiva.
2. Ritagliare entrambe forme lungo le linee continue.
3. Nastro le due forme insieme a il segmento di linea etichettata 'Z'.
4. Piegare sulle linee punteggiate.
5. Utilizzare nastro adesivo trasparente per fissare.

Se si vuole disegnare o colorare le sviluppo piano, farlo prima di nastro insieme. Se volete decorare mediante incollaggio sulle decorazioni, il nastro insieme prima.

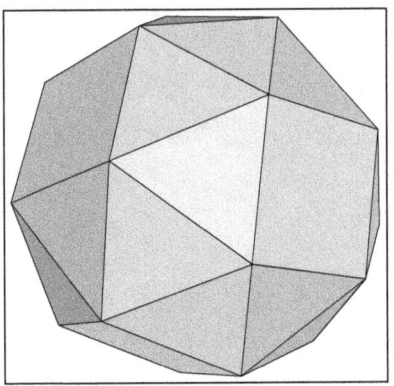

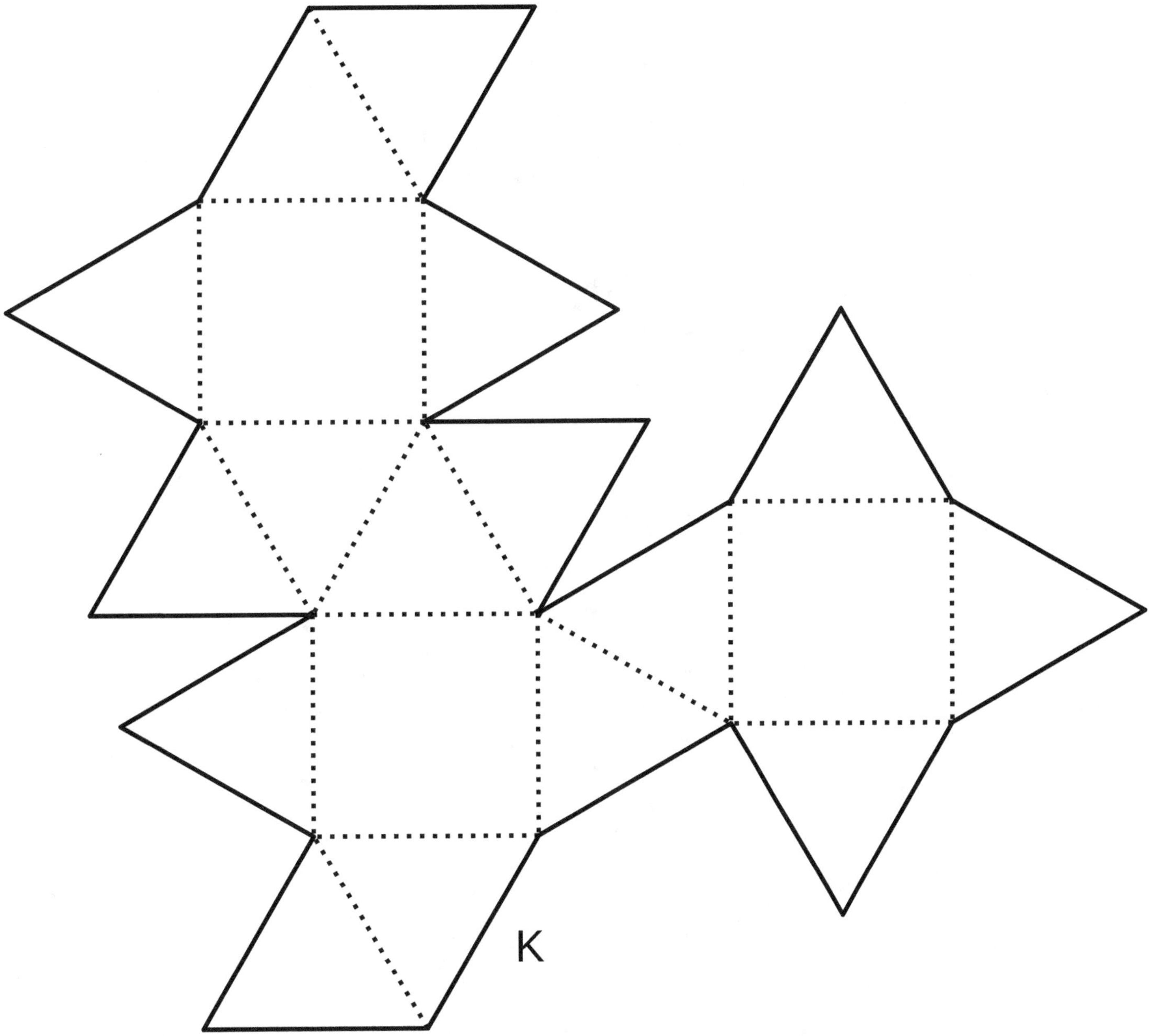

K

Sviluppo in piano di poliedri: Libro progetto

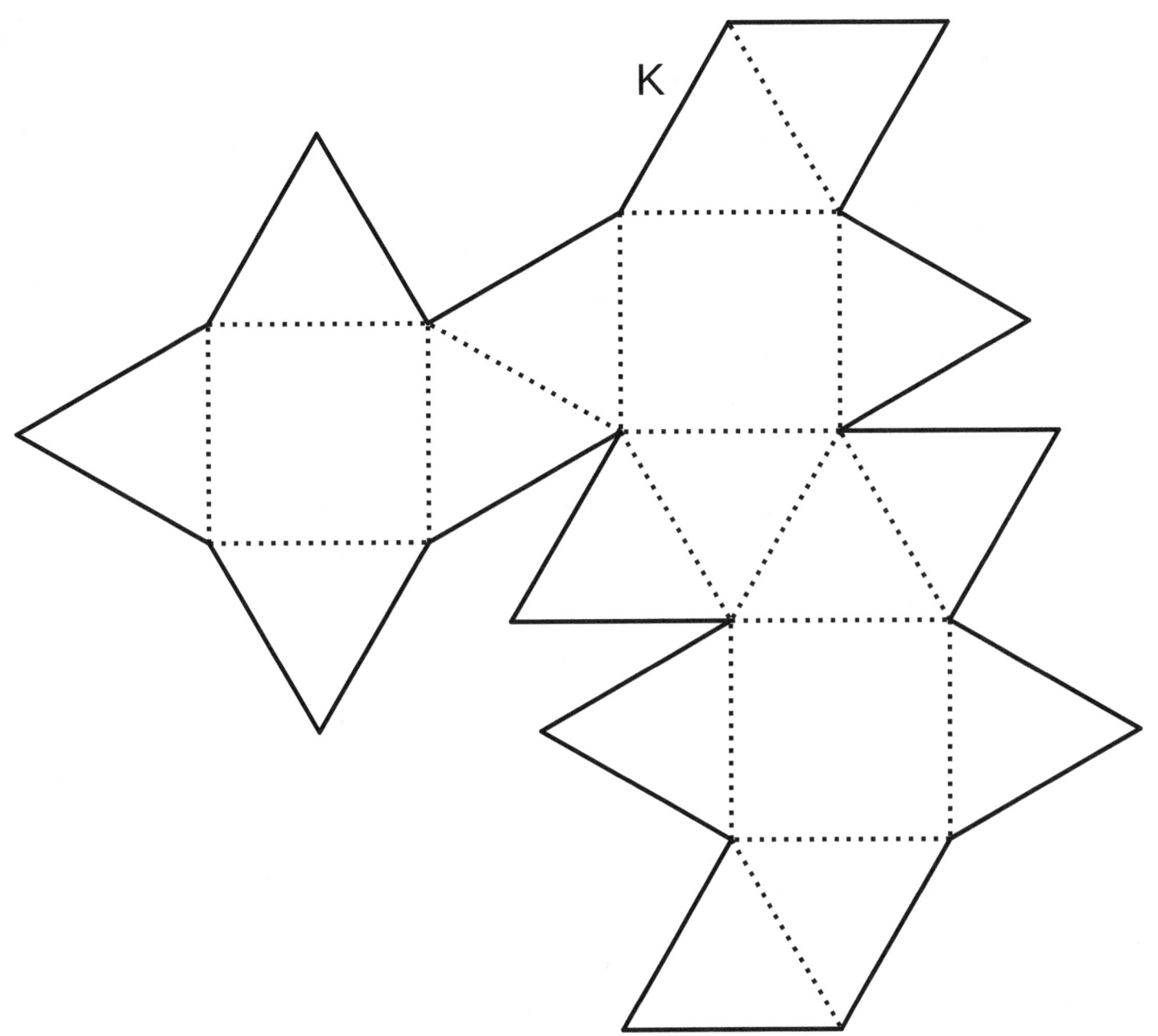

Sviluppo in piano di poliedri: Libro progetto

Dodecaedro simo

1. Questa è un sviluppo piano di poliedro in due parti. Copia di questa pagina e la successiva.
2. Ritagliare entrambe forme lungo le linee continue.
3. Nastro le due forme insieme a il segmento di linea etichettata 'Z'.
4. Piegare sulle linee punteggiate.
5. Utilizzare nastro adesivo trasparente per fissare.

Se si vuole disegnare o colorare le sviluppo piano, farlo prima di nastro insieme. Se volete decorare mediante incollaggio sulle decorazioni, il nastro insieme prima.

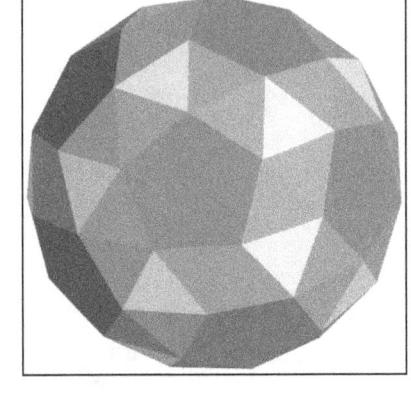

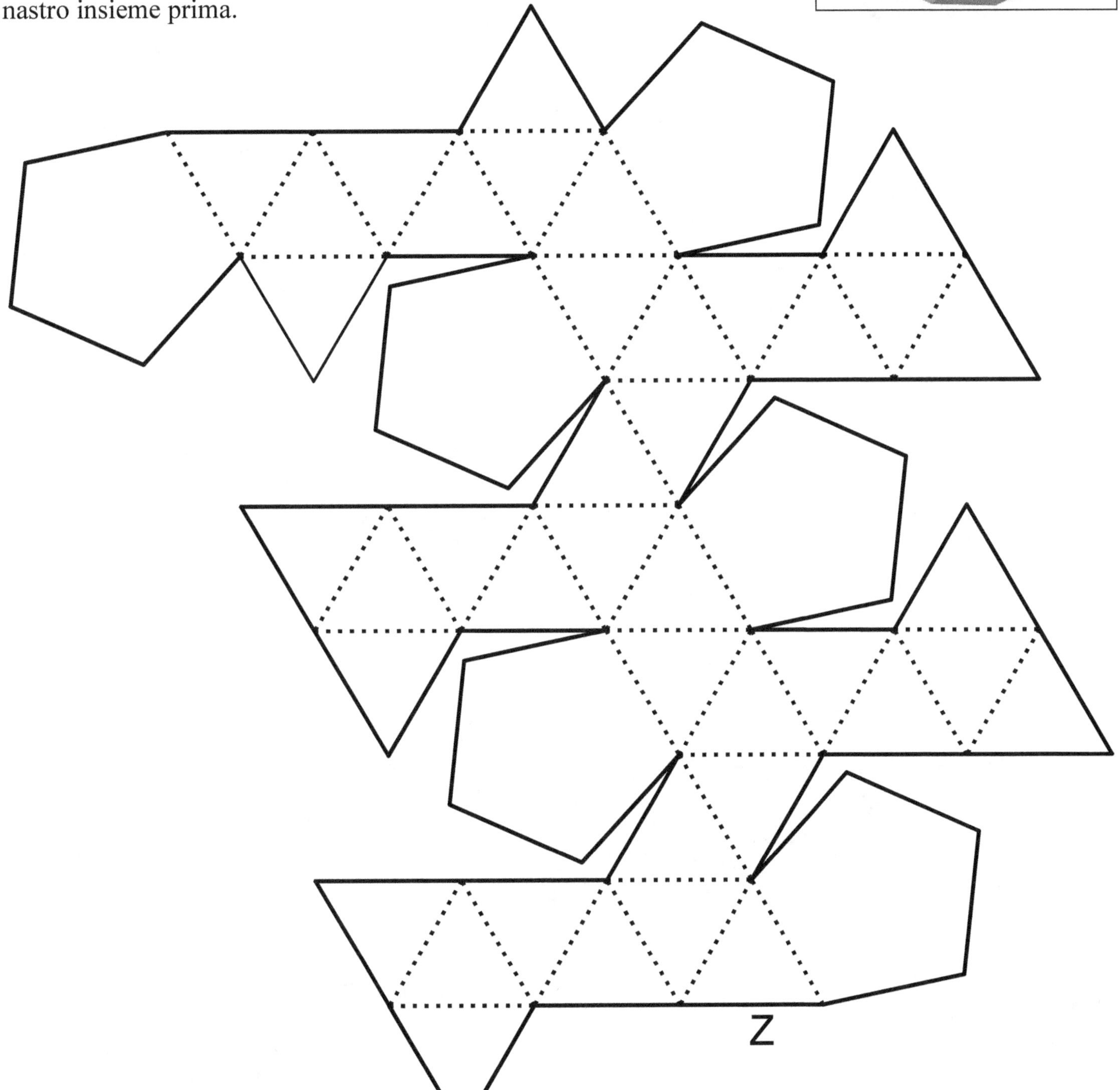

Sviluppo in piano di poliedri: Libro progetto

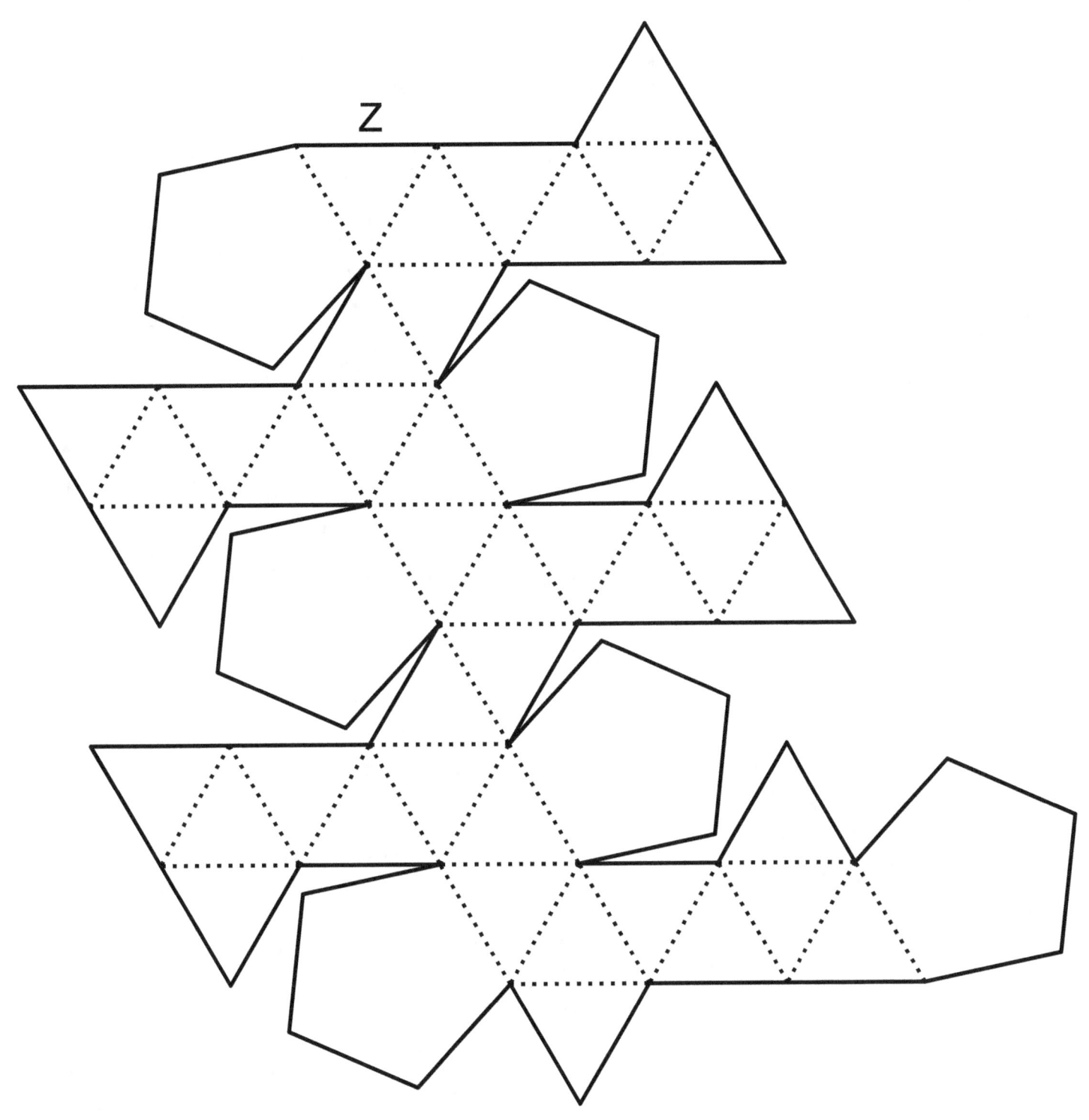

Sviluppo in piano di poliedri: Libro progetto

Antiprisma quadrata

1. Tagliare lungo le linee continue.
2. Piegare sulle linee punteggiate.
3. Utilizzare nastro adesivo trasparente per fissare.

Se si vuole disegnare o colorare le sviluppo piano, farlo prima di nastro insieme. Se volete decorare mediante incollaggio sulle decorazioni, il nastro insieme prima.

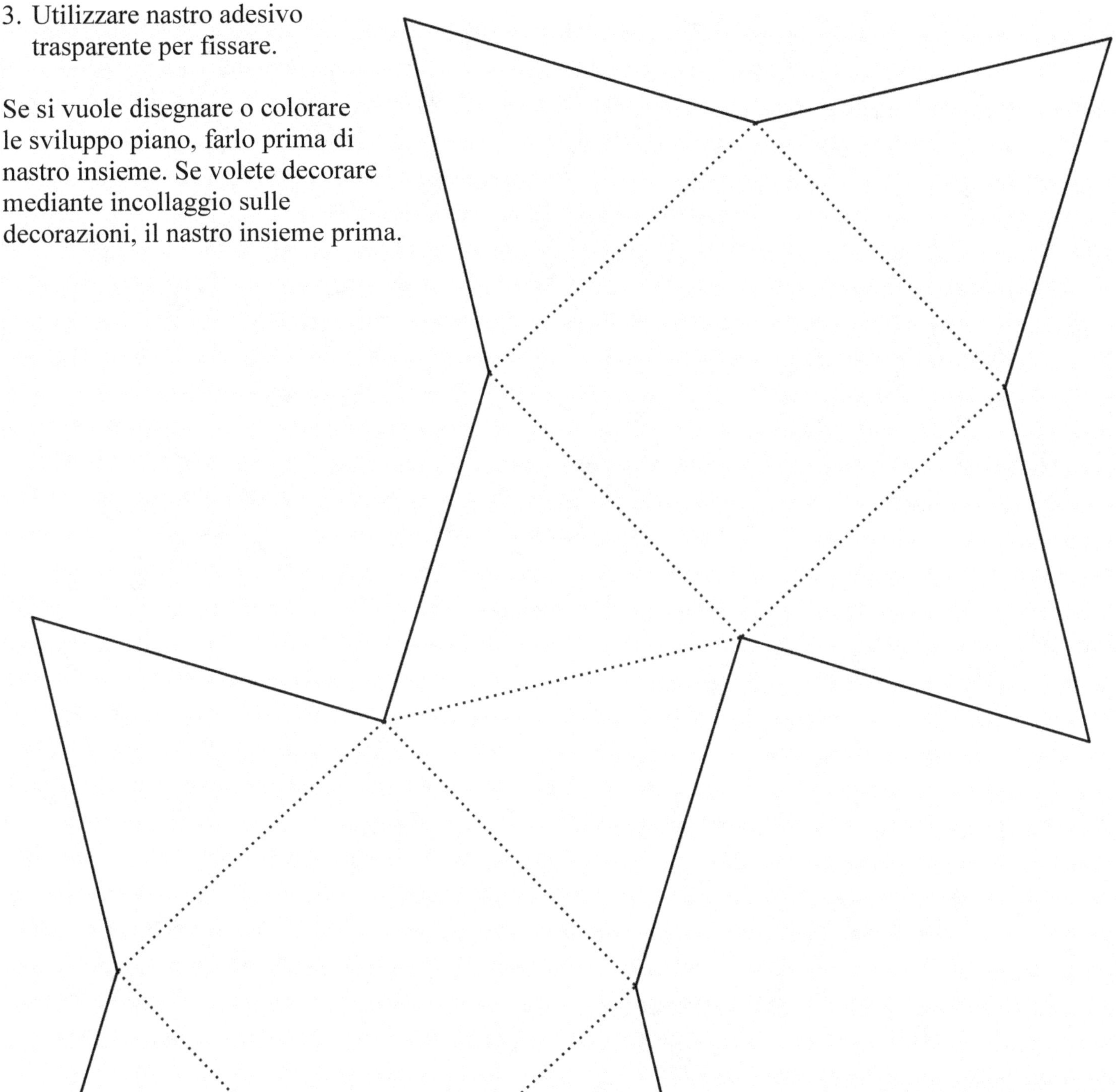

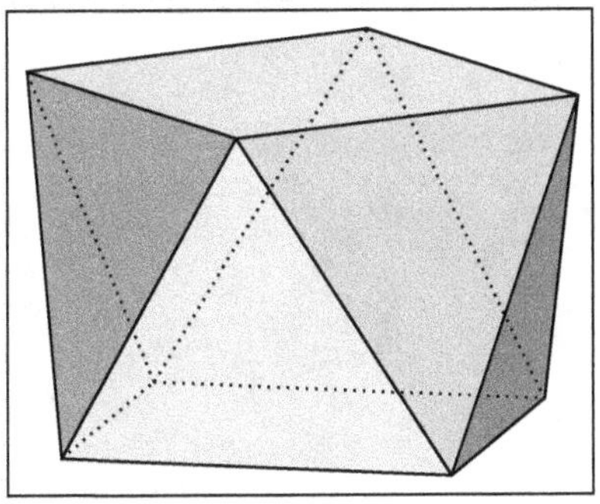

Sviluppo in piano di poliedri: Libro progetto

Copyright 2015. Può essere copiato per, solo per uso didattico non commerciale incidentale. Vedi nota di copyright per ulteriori informazioni.

Cupola quadrata

1. Tagliare lungo le linee continue.
2. Piegare sulle linee punteggiate.
3. Utilizzare nastro adesivo trasparente per fissare.

Se si vuole disegnare o colorare le sviluppo piano, farlo prima di nastro insieme. Se volete decorare mediante incollaggio sulle decorazioni, il nastro insieme prima.

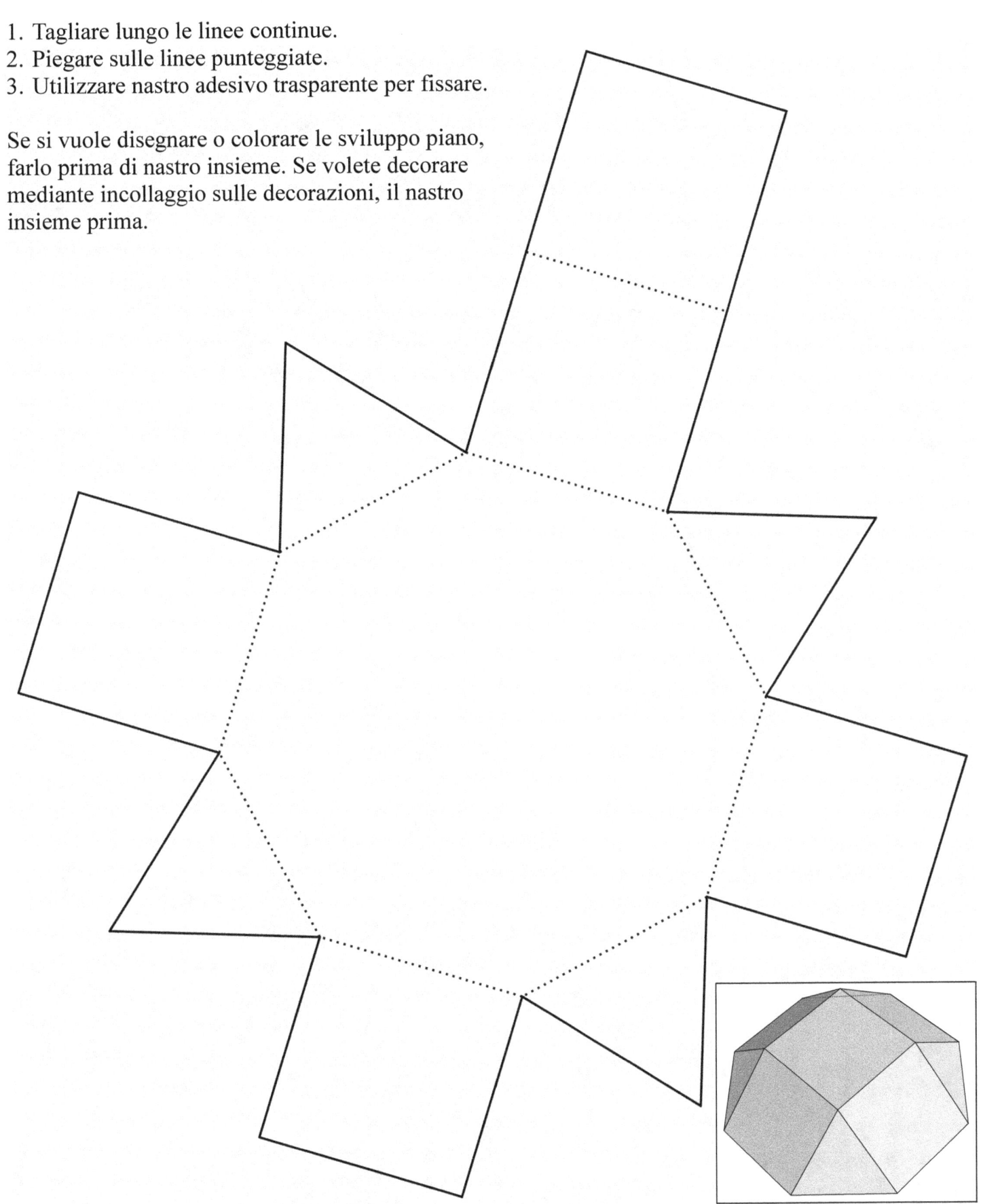

Sviluppo in piano di poliedri: Libro progetto

Pyramide quadrata

1. Tagliare lungo le linee continue.
2. Piegare sulle linee punteggiate.
3. Utilizzare nastro adesivo trasparente per fissare.

Se si vuole disegnare o colorare le sviluppo piano, farlo prima di nastro insieme. Se volete decorare mediante incollaggio sulle decorazioni, il nastro insieme prima.

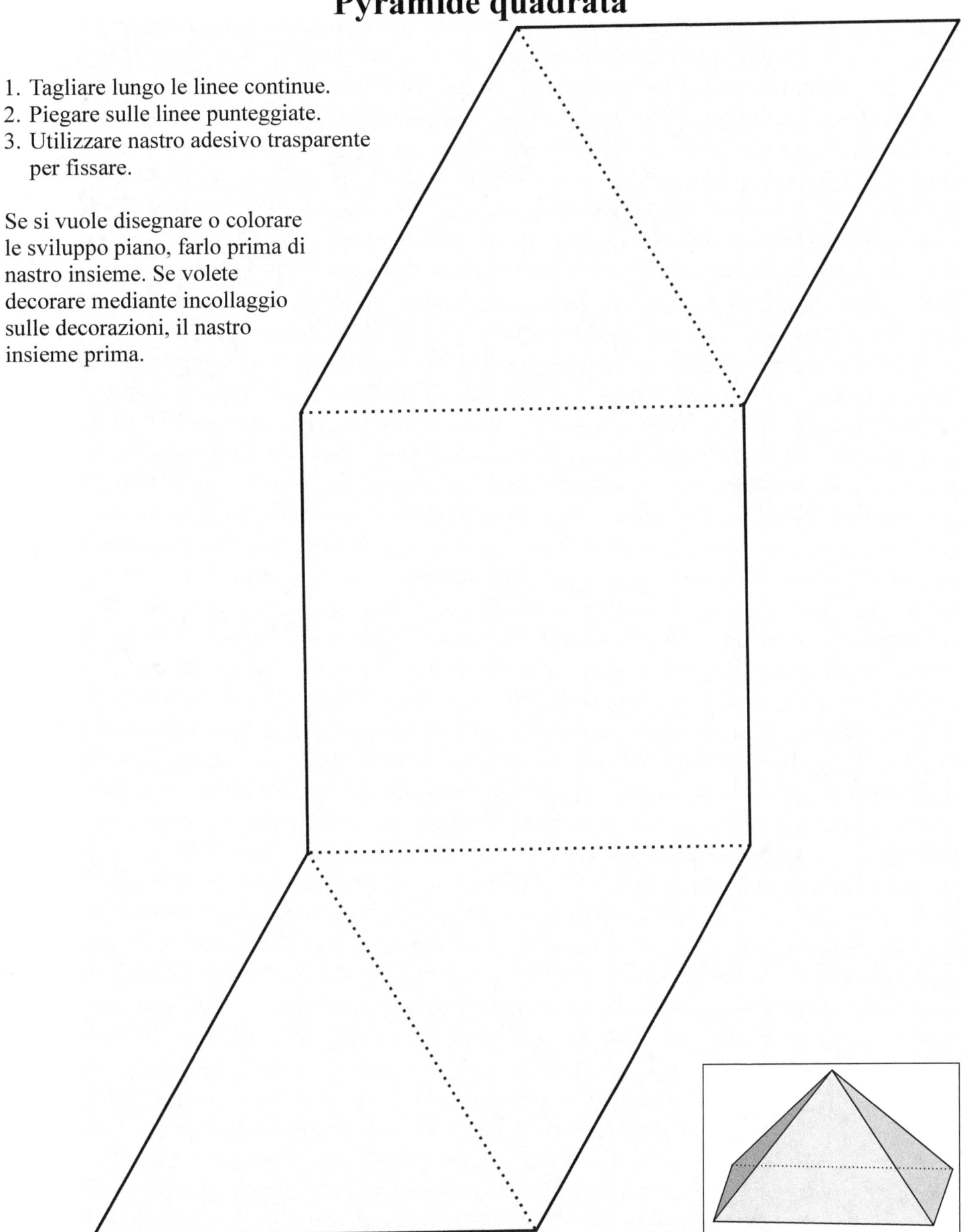

Sviluppo in piano di poliedri: Libro progetto

Trapezoedro quadrata

1. Tagliare lungo le linee continue.
2. Piegare sulle linee punteggiate.
3. Utilizzare nastro adesivo trasparente per fissare.

Se si vuole disegnare o colorare le sviluppo piano, farlo prima di nastro insieme. Se volete decorare mediante incollaggio sulle decorazioni, il nastro insieme prima.

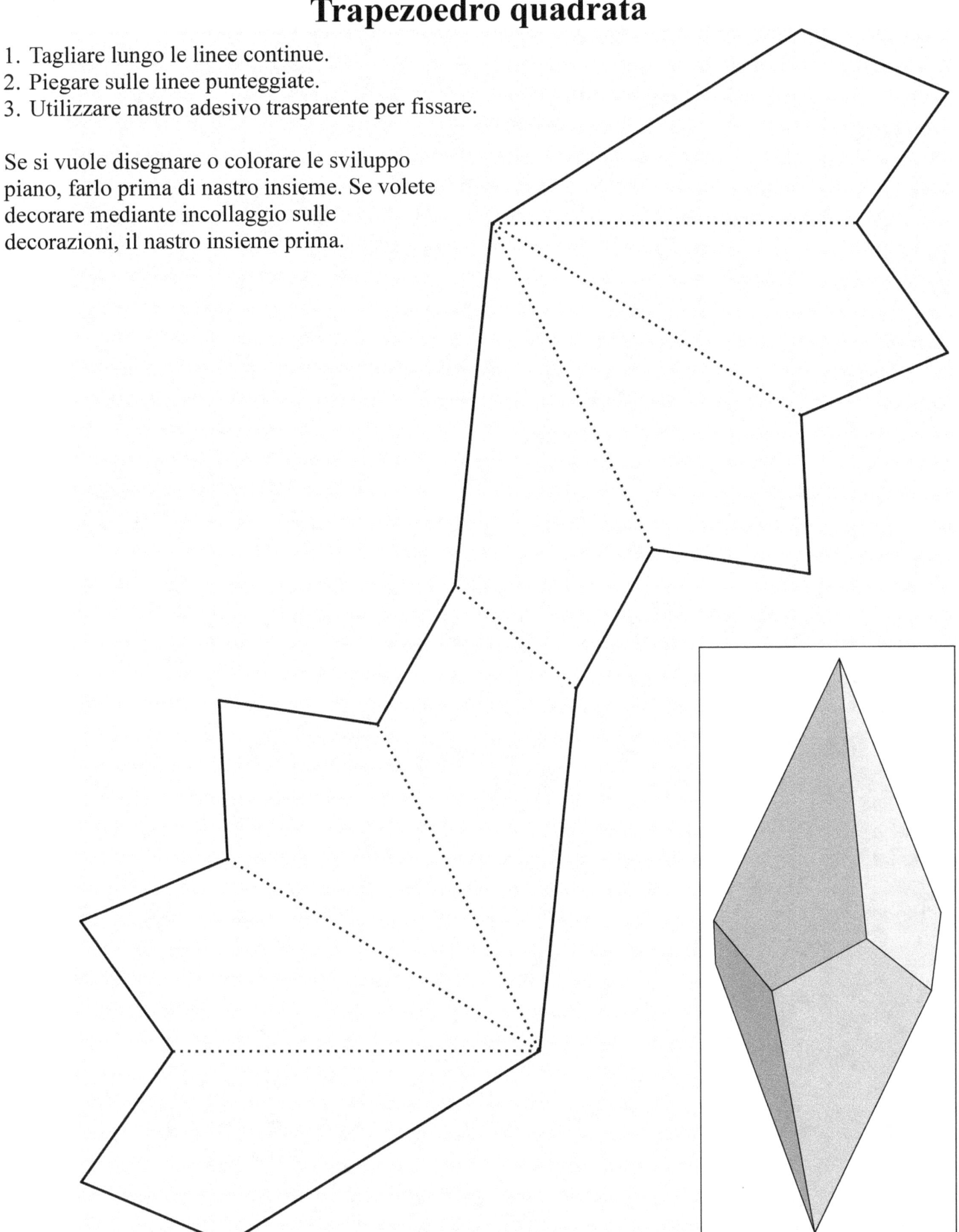

Sviluppo in piano di poliedri: Libro progetto

Stella octangula

1. Tagliare lungo le linee continue.
2. Piegare sulle linee punteggiate.
3. Piegare all'indietro sulle linee tratteggiate
4. Utilizzare nastro adesivo trasparente per fissare.

Se si vuole disegnare o colorare le sviluppo piano, farlo prima di nastro insieme. Se volete decorare mediante incollaggio sulle decorazioni, il nastro insieme prima.

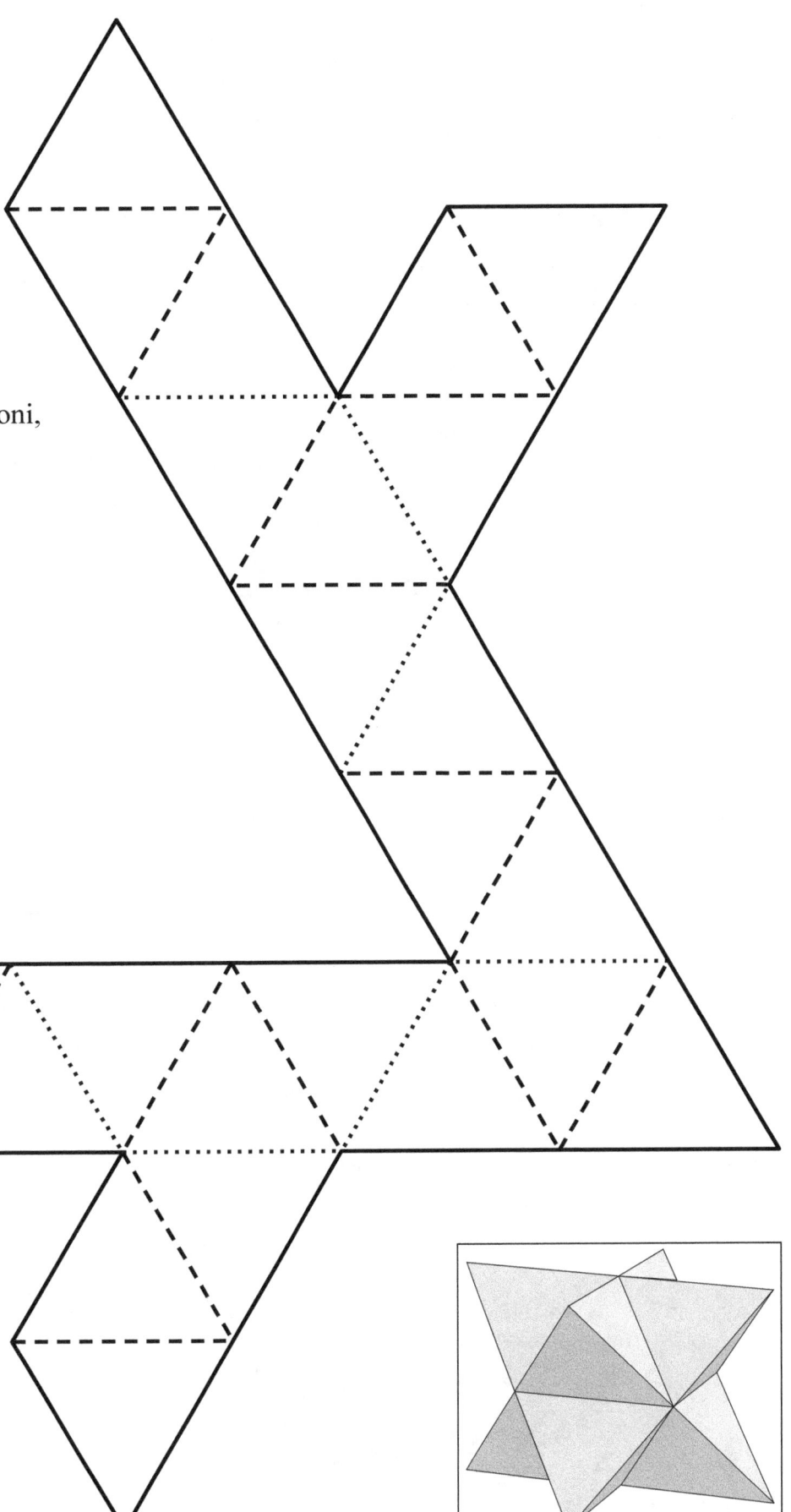

Sviluppo in piano di poliedri: Libro progetto

Tetraedro regolare

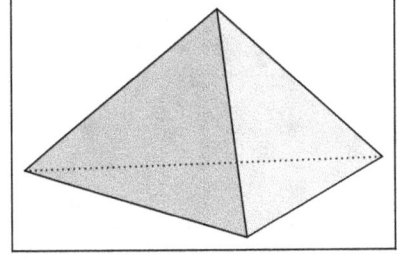

1. Tagliare lungo le linee continue.
2. Piegare sulle linee punteggiate.
3. Utilizzare nastro adesivo trasparente per fissare.

Se si vuole disegnare o colorare le sviluppo piano, farlo prima di nastro insieme. Se volete decorare mediante incollaggio sulle decorazioni, il nastro insieme prima.

Per ulteriori informazioni su tetraedri, andare a http://www.allmathwords.org/en/t/tetrahedron.html.

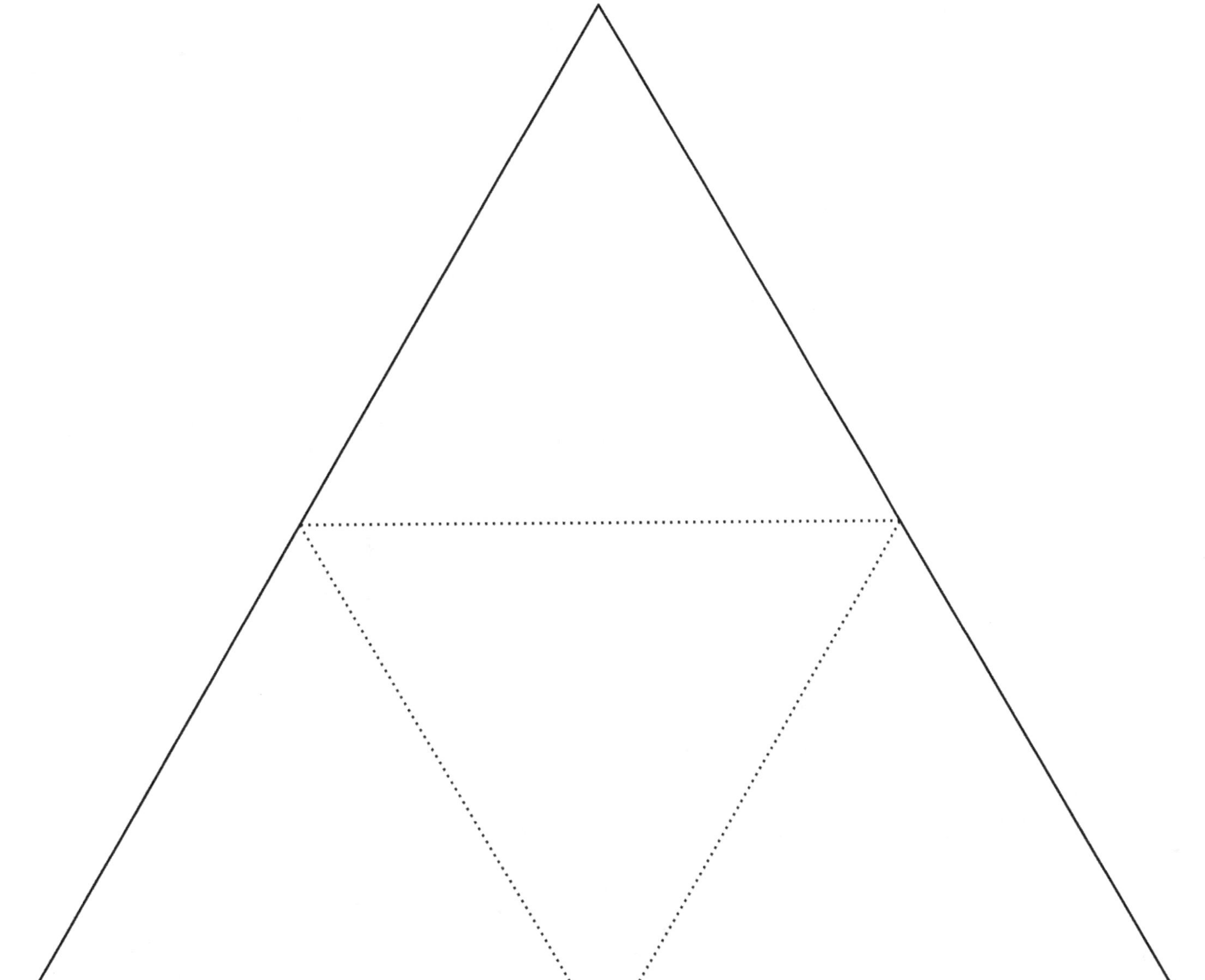

Sviluppo in piano di poliedri: Libro progetto

Tetracisesaedro

1. Tagliare lungo le linee continue.
2. Piegare sulle linee punteggiate.
3. Utilizzare nastro adesivo trasparente per fissare.

Se si vuole disegnare o colorare le sviluppo piano, farlo prima di nastro insieme. Se volete decorare mediante incollaggio sulle decorazioni, il nastro insieme prima.

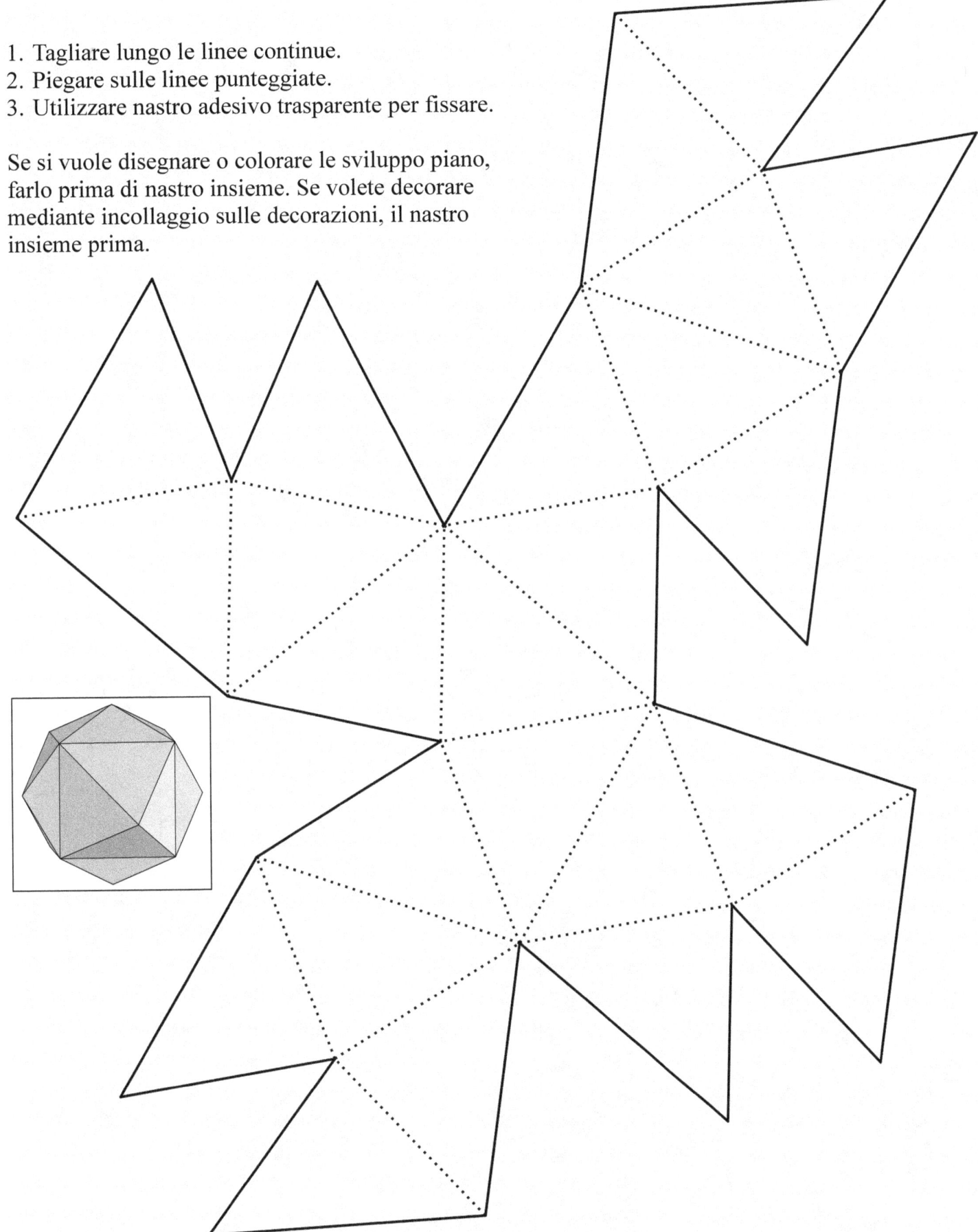

Sviluppo in piano di poliedri: Libro progetto

Triacisottaedro

1. Tagliare lungo le linee continue.
2. Piegare sulle linee punteggiate.
3. Utilizzare nastro adesivo trasparente per fissare.

Se si vuole disegnare o colorare le sviluppo piano, farlo prima di nastro insieme. Se volete decorare mediante incollaggio sulle decorazioni, il nastro insieme prima.

Sviluppo in piano di poliedri: Libro progetto

Triacistetraedro

1. Tagliare lungo le linee continue.
2. Piegare sulle linee punteggiate.
3. Utilizzare nastro adesivo trasparente per fissare.

Se si vuole disegnare o colorare le sviluppo piano, farlo prima di nastro insieme. Se volete decorare mediante incollaggio sulle decorazioni, il nastro insieme prima.

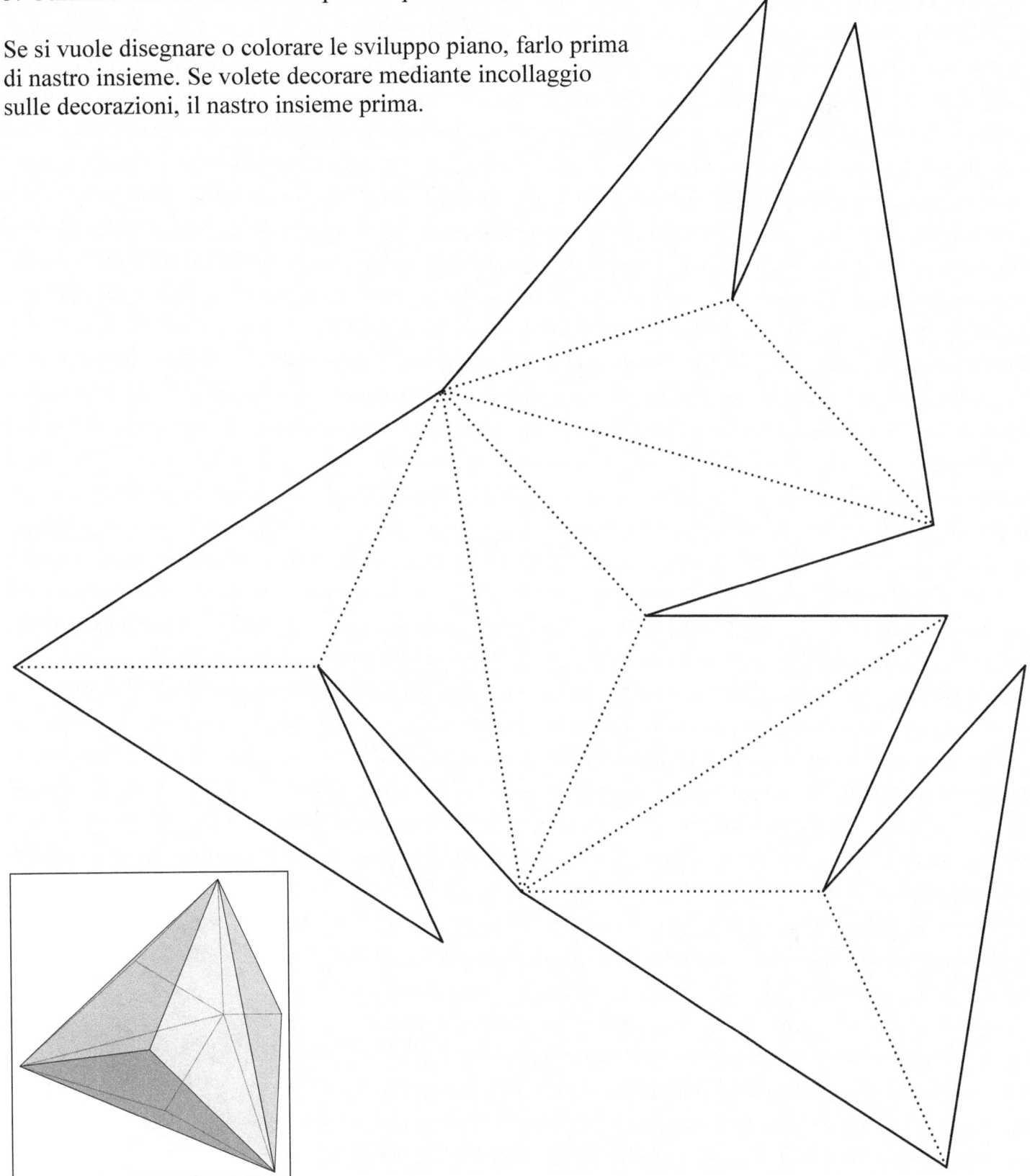

Sviluppo in piano di poliedri: Libro progetto

Cupola triangolare

1. Tagliare lungo le linee continue.
2. Piegare sulle linee punteggiate.
3. Utilizzare nastro adesivo trasparente per fissare.

Se si vuole disegnare o colorare le sviluppo piano, farlo prima di nastro insieme. Se volete decorare mediante incollaggio sulle decorazioni, il nastro insieme prima.

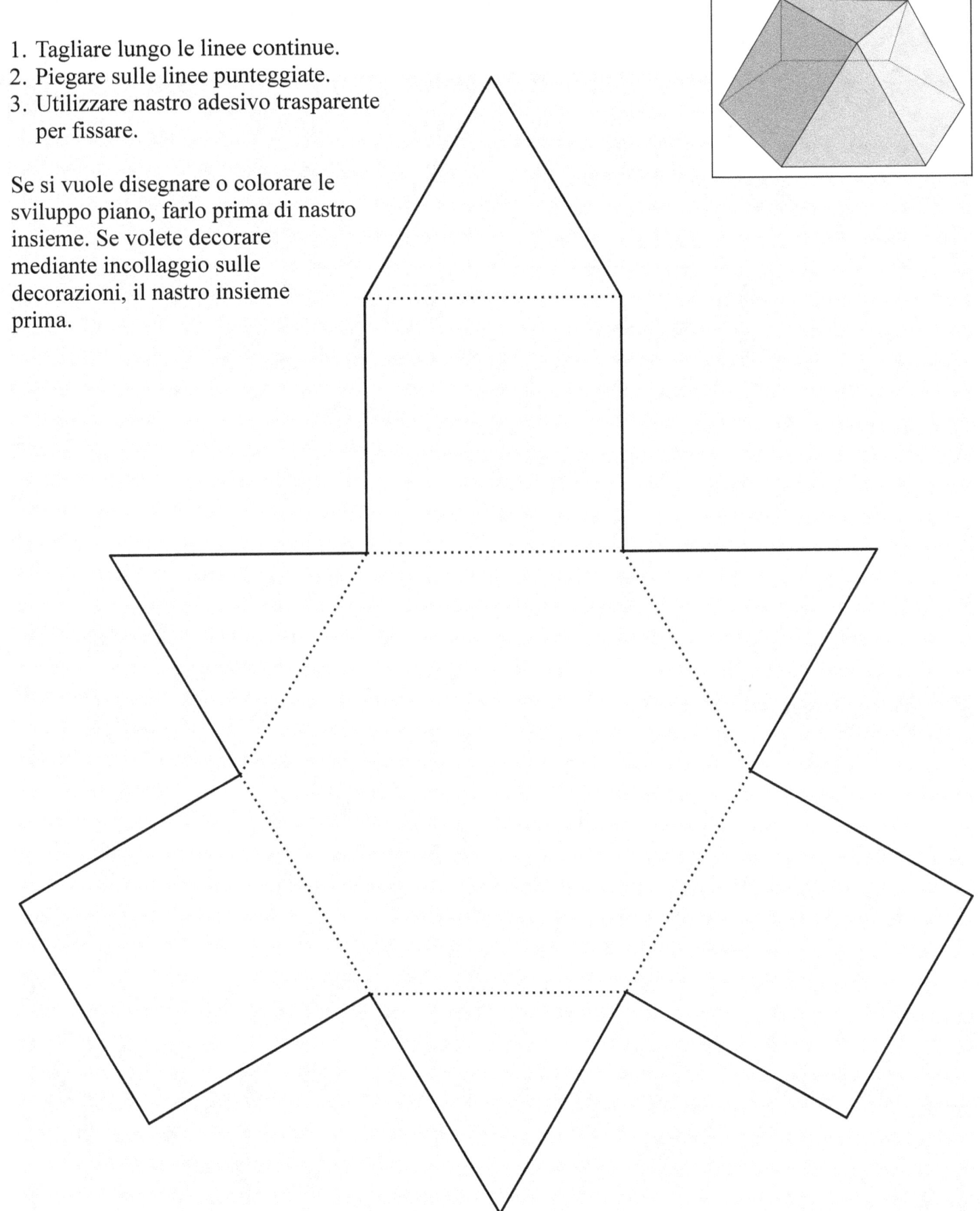

Sviluppo in piano di poliedri: Libro progetto

Dipiramide triangolare

1. Tagliare lungo le linee continue.
2. Piegare sulle linee punteggiate.
3. Utilizzare nastro adesivo trasparente per fissare.

Se si vuole disegnare o colorare le sviluppo piano, farlo prima di nastro insieme. Se volete decorare mediante incollaggio sulle decorazioni, il nastro insieme prima.

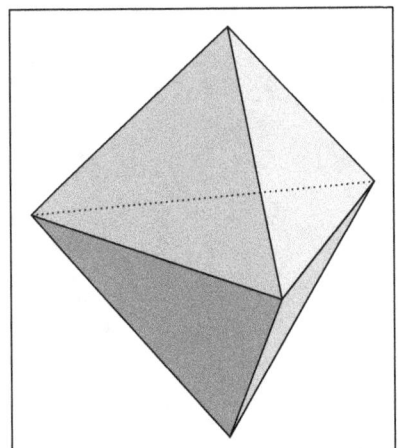

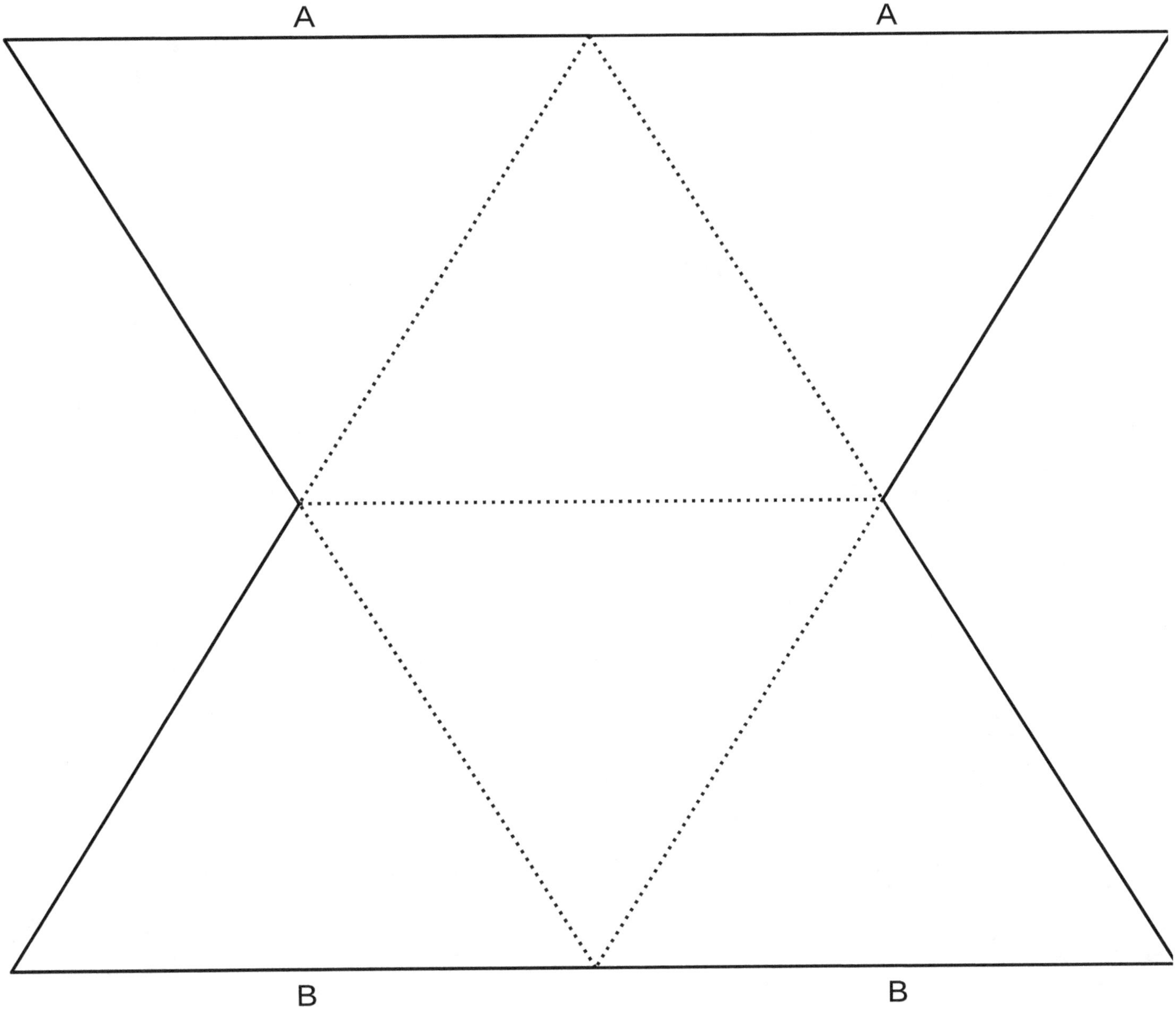

A A

B B

Sviluppo in piano di poliedri: Libro progetto

Pentaedro triangolare

1. Tagliare lungo le linee continue.
2. Piegare sulle linee punteggiate.
3. Utilizzare nastro adesivo trasparente per fissare.

Se si vuole disegnare o colorare le sviluppo piano, farlo prima di nastro insieme. Se volete decorare mediante incollaggio sulle decorazioni, il nastro insieme prima.

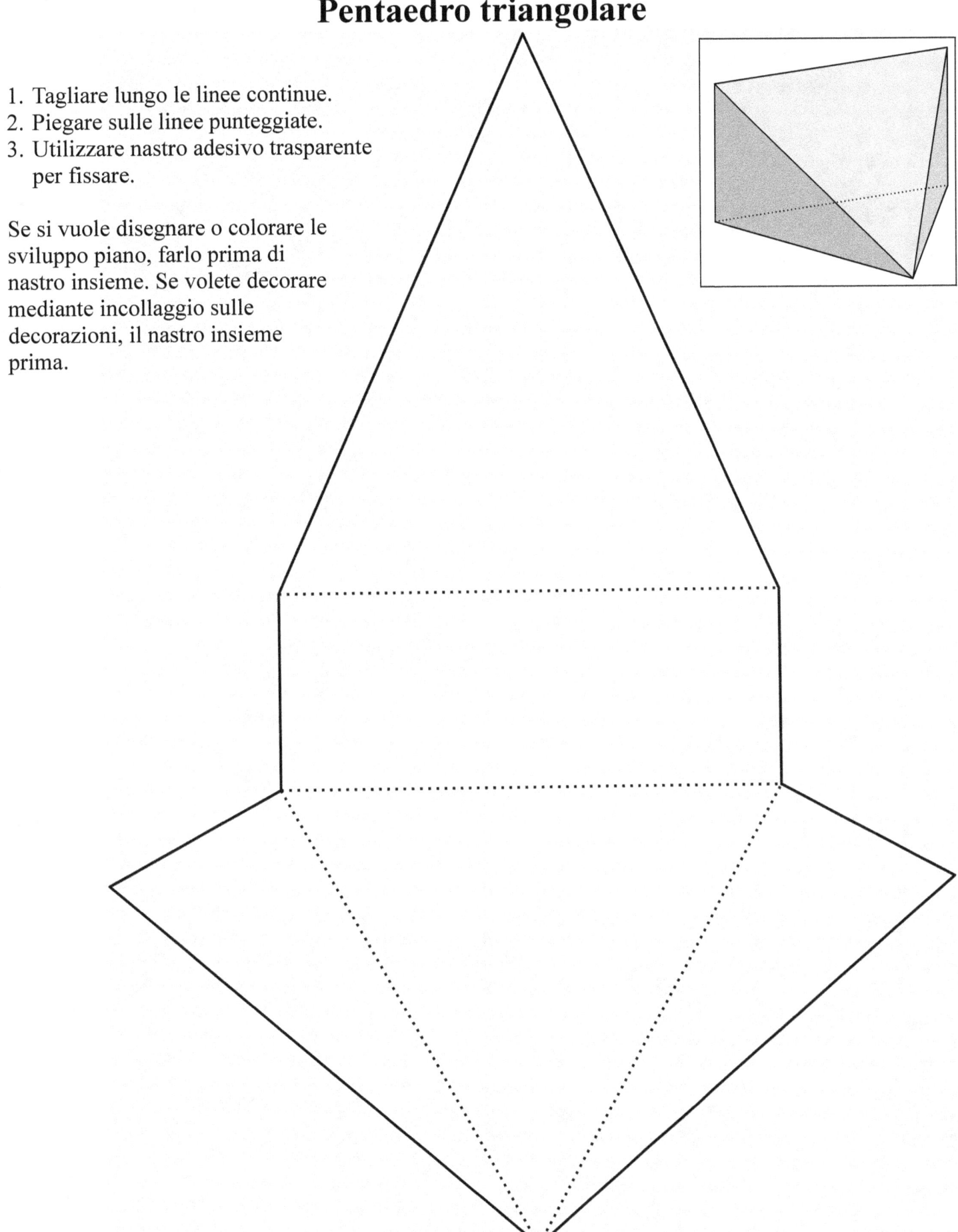

Sviluppo in piano di poliedri: Libro progetto

Prisma triangolare

1. Tagliare lungo le linee continue.
2. Piegare sulle linee punteggiate.
3. Utilizzare nastro adesivo trasparente per fissare.

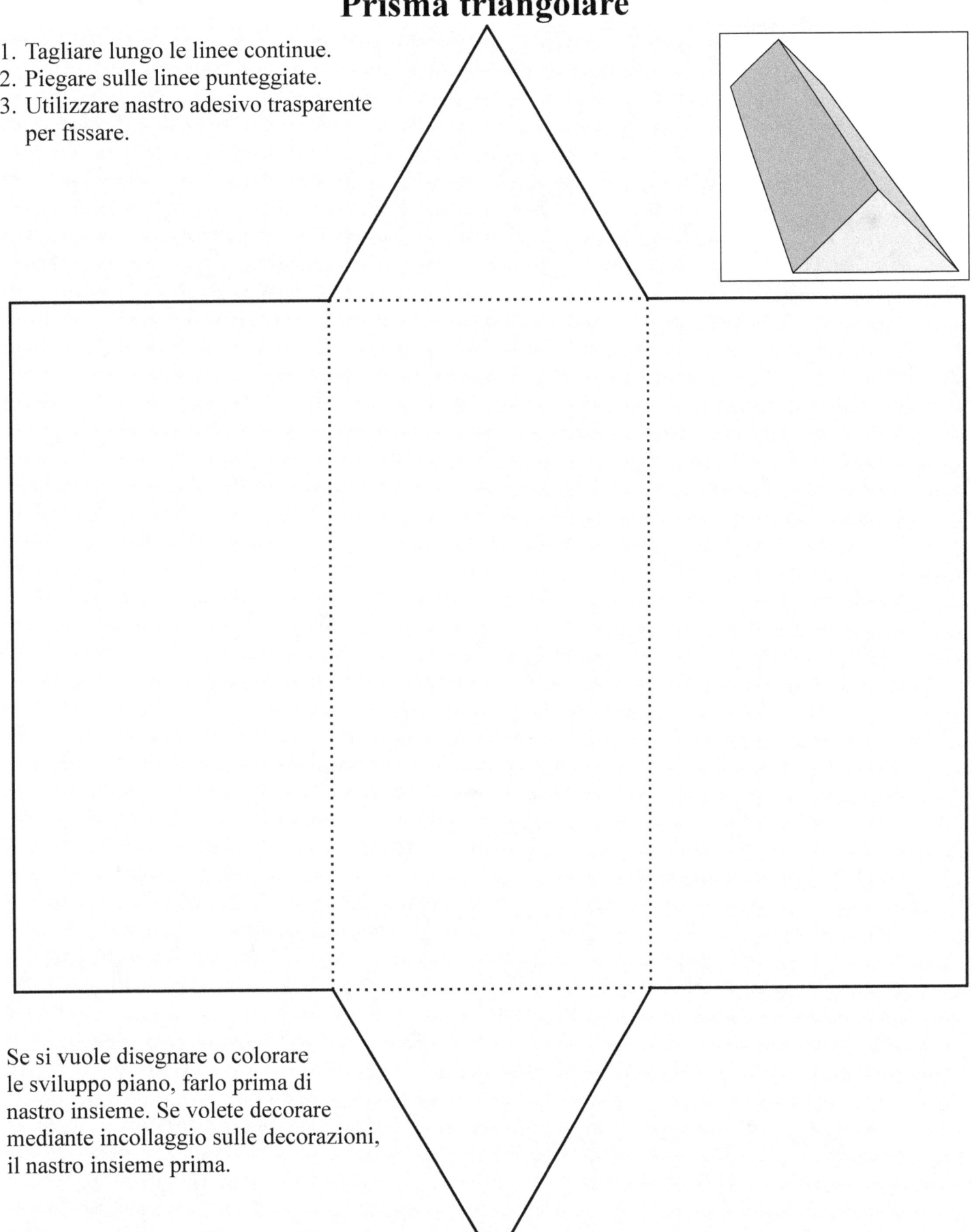

Se si vuole disegnare o colorare le sviluppo piano, farlo prima di nastro insieme. Se volete decorare mediante incollaggio sulle decorazioni, il nastro insieme prima.

Sviluppo in piano di poliedri: Libro progetto

Piramide triangolare obliquo

1. Tagliare lungo le linee continue.
2. Piegare sulle linee punteggiate.
3. Utilizzare nastro adesivo trasparente per fissare.

Se si vuole disegnare o colorare le sviluppo piano, farlo prima di nastro insieme. Se volete decorare mediante incollaggio sulle decorazioni, il nastro insieme prima.

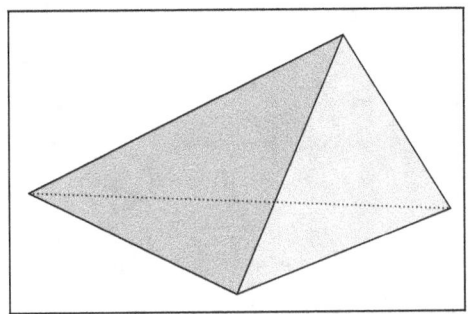

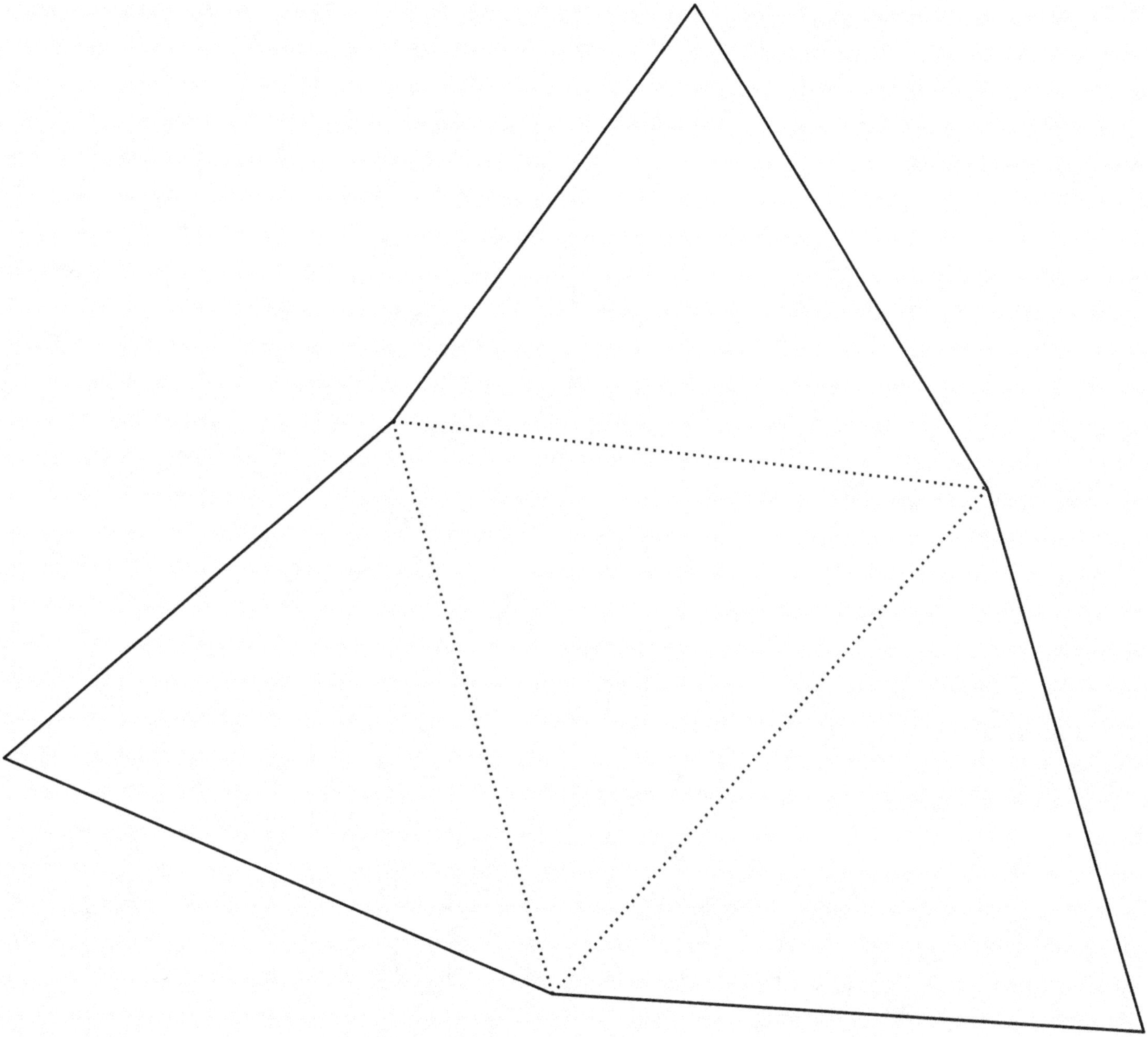

Sviluppo in piano di poliedri: Libro progetto

Cubo troncato

1. Tagliare lungo le linee continue.
2. Piegare sulle linee punteggiate.
3. Utilizzare nastro adesivo trasparente per fissare.

Se si vuole disegnare o colorare le sviluppo piano, farlo prima di nastro insieme. Se volete decorare mediante incollaggio sulle decorazioni, il nastro insieme prima.

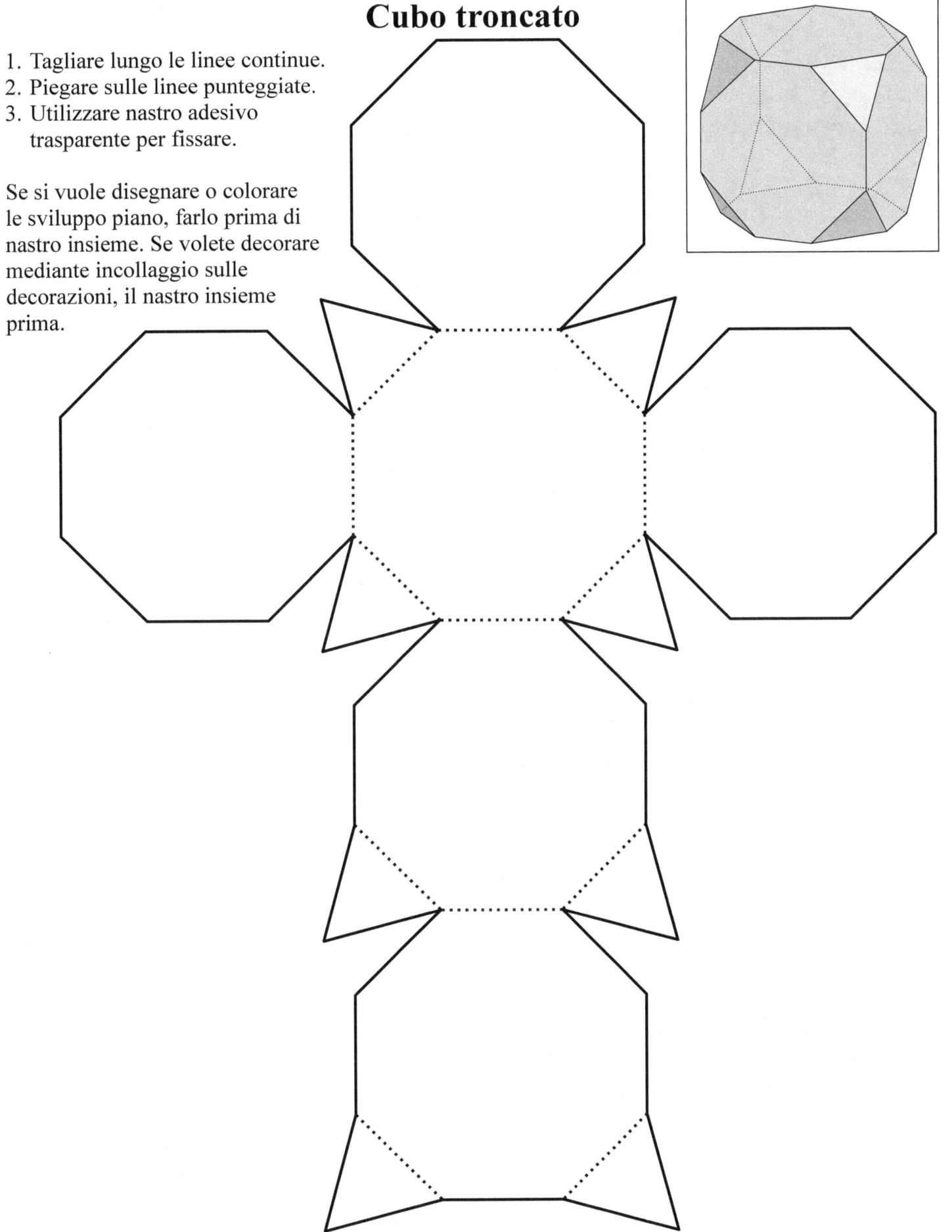

Sviluppo in piano di poliedri: Libro progetto

Cubottaedro troncato

1. Tagliare lungo le linee continue.
2. Piegare sulle linee punteggiate.
3. Utilizzare nastro adesivo trasparente per fissare.

Se si vuole disegnare o colorare le sviluppo piano, farlo prima di nastro insieme. Se volete decorare mediante incollaggio sulle decorazioni, il nastro insieme prima.

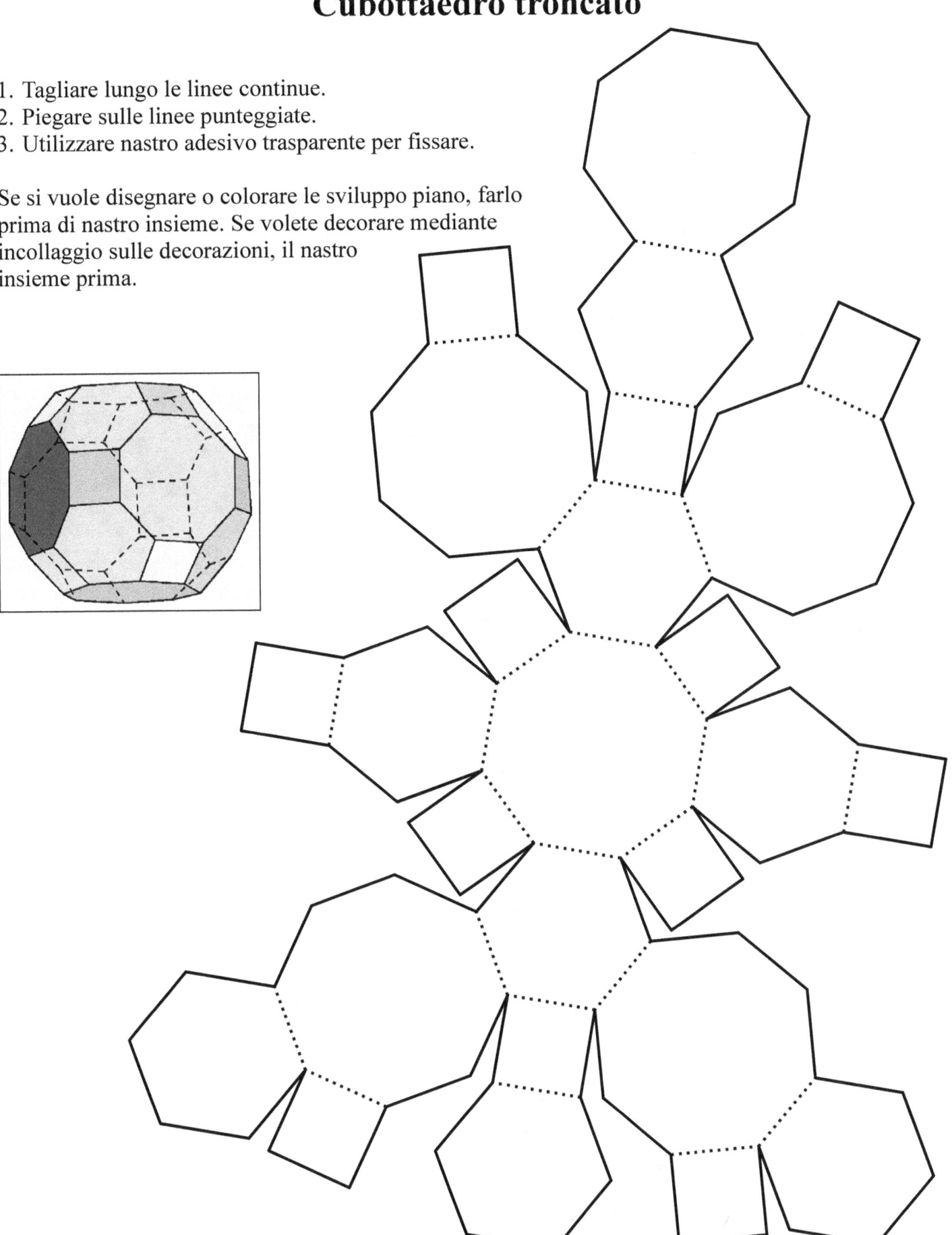

Dodecaedro troncato

1. Tagliare lungo le linee continue.
2. Piegare sulle linee punteggiate.
3. Utilizzare nastro adesivo trasparente per fissare.

Se si vuole disegnare o colorare le sviluppo piano, farlo prima di nastro insieme. Se volete decorare mediante incollaggio sulle decorazioni, il nastro insieme prima.

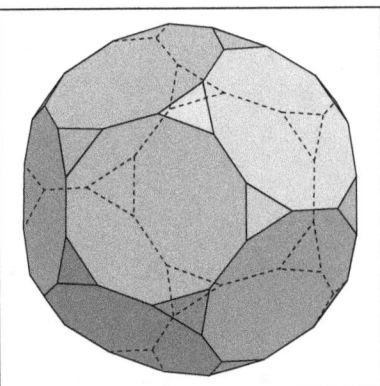

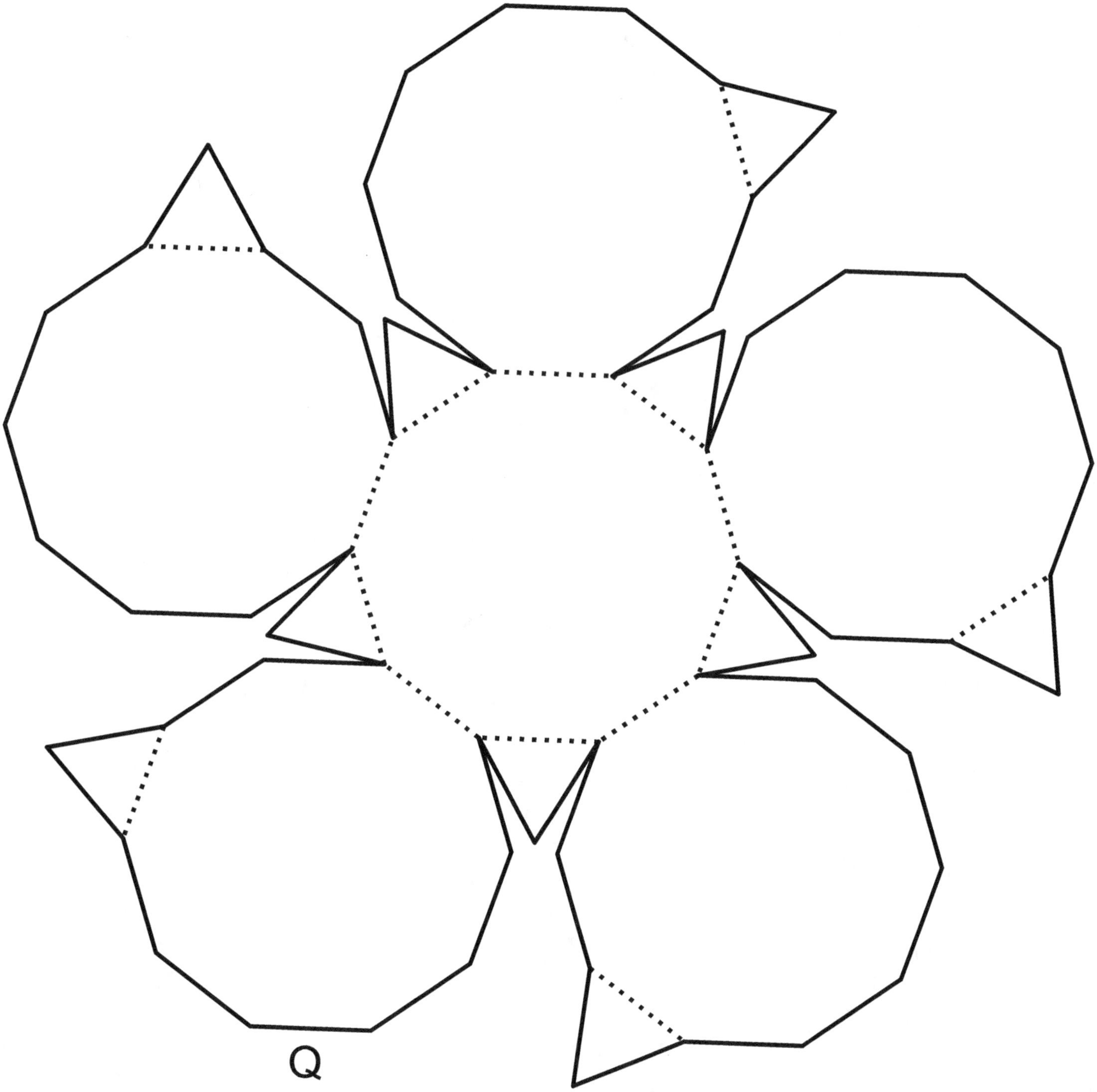

Q

Sviluppo in piano di poliedri: Libro progetto

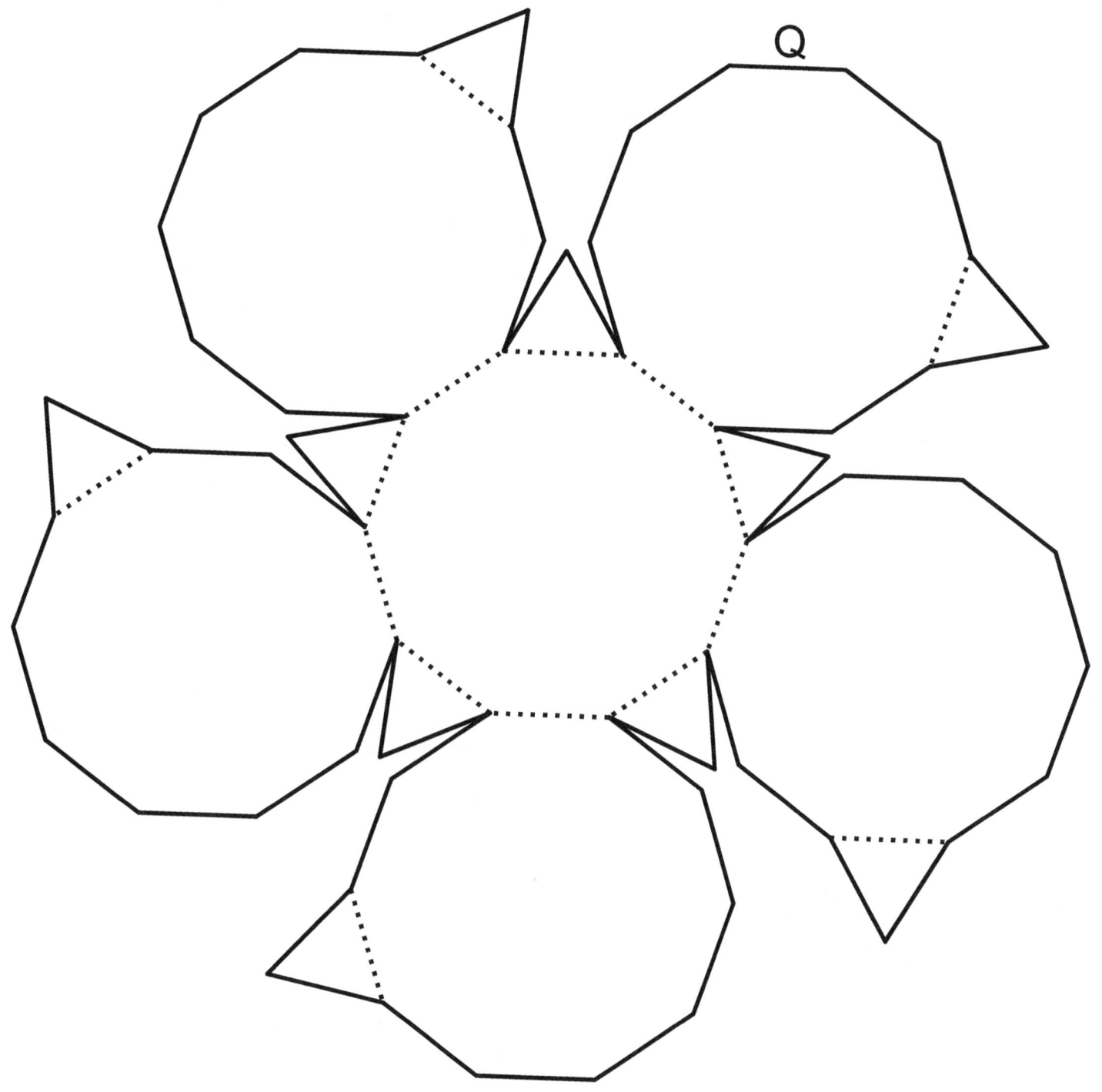

Sviluppo in piano di poliedri: Libro progetto   163

Icosaedro troncato

1. Tagliare lungo le linee continue.
2. Piegare sulle linee punteggiate.
3. Utilizzare nastro adesivo trasparente per fissare.

Se si vuole disegnare o colorare le sviluppo piano, farlo prima di nastro insieme. Se volete decorare mediante incollaggio sulle decorazioni, il nastro insieme prima.

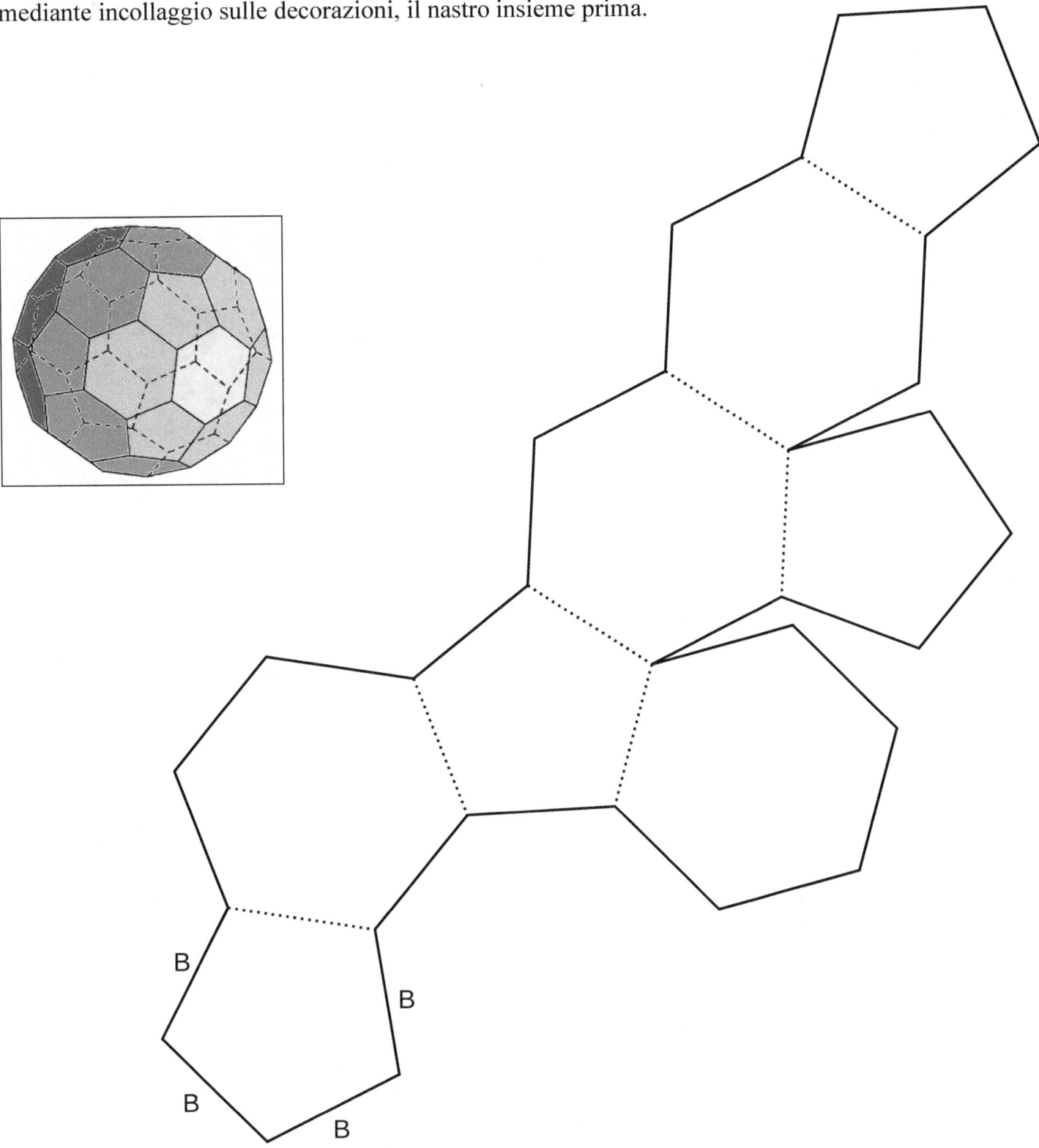

Sviluppo in piano di poliedri: Libro progetto

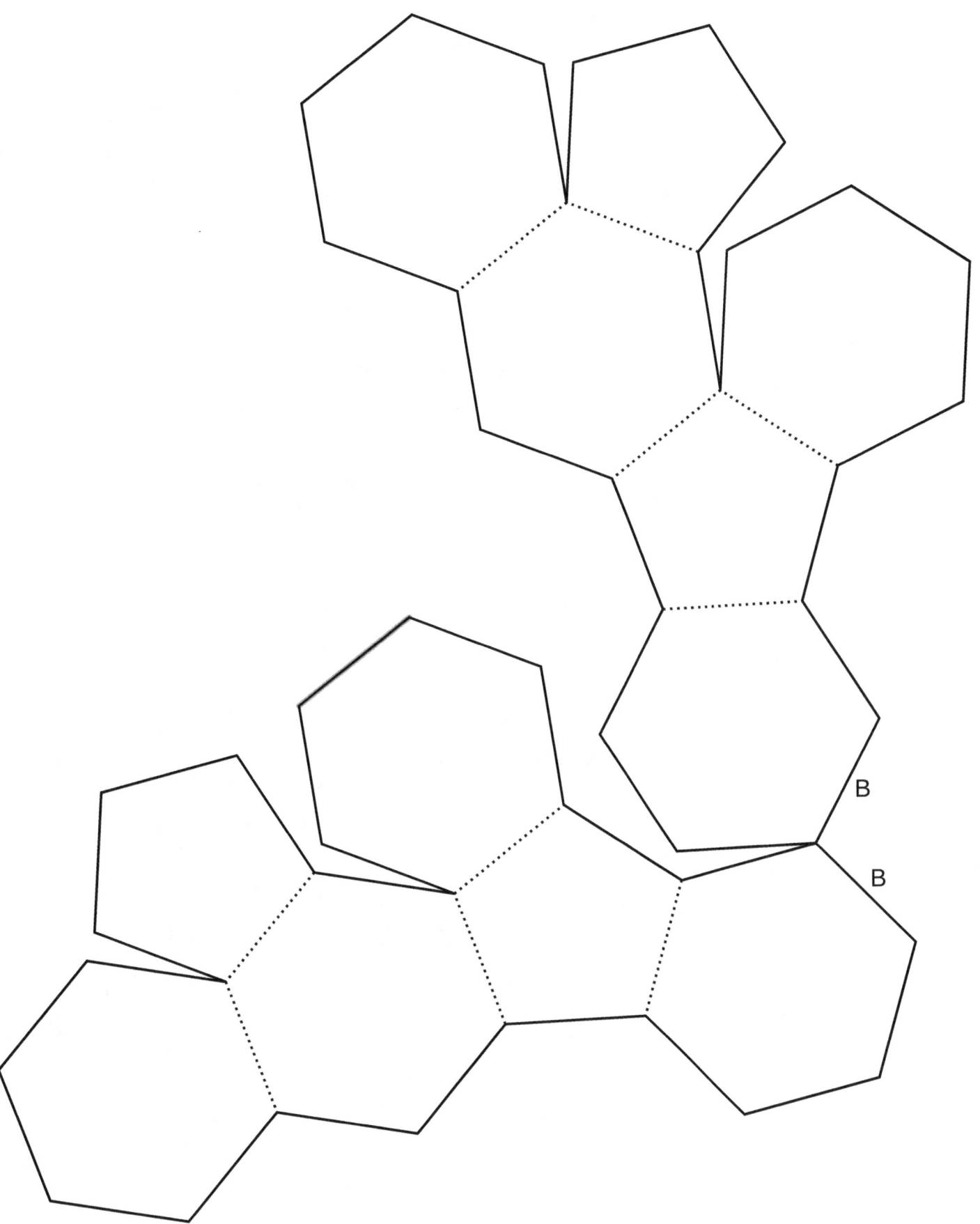

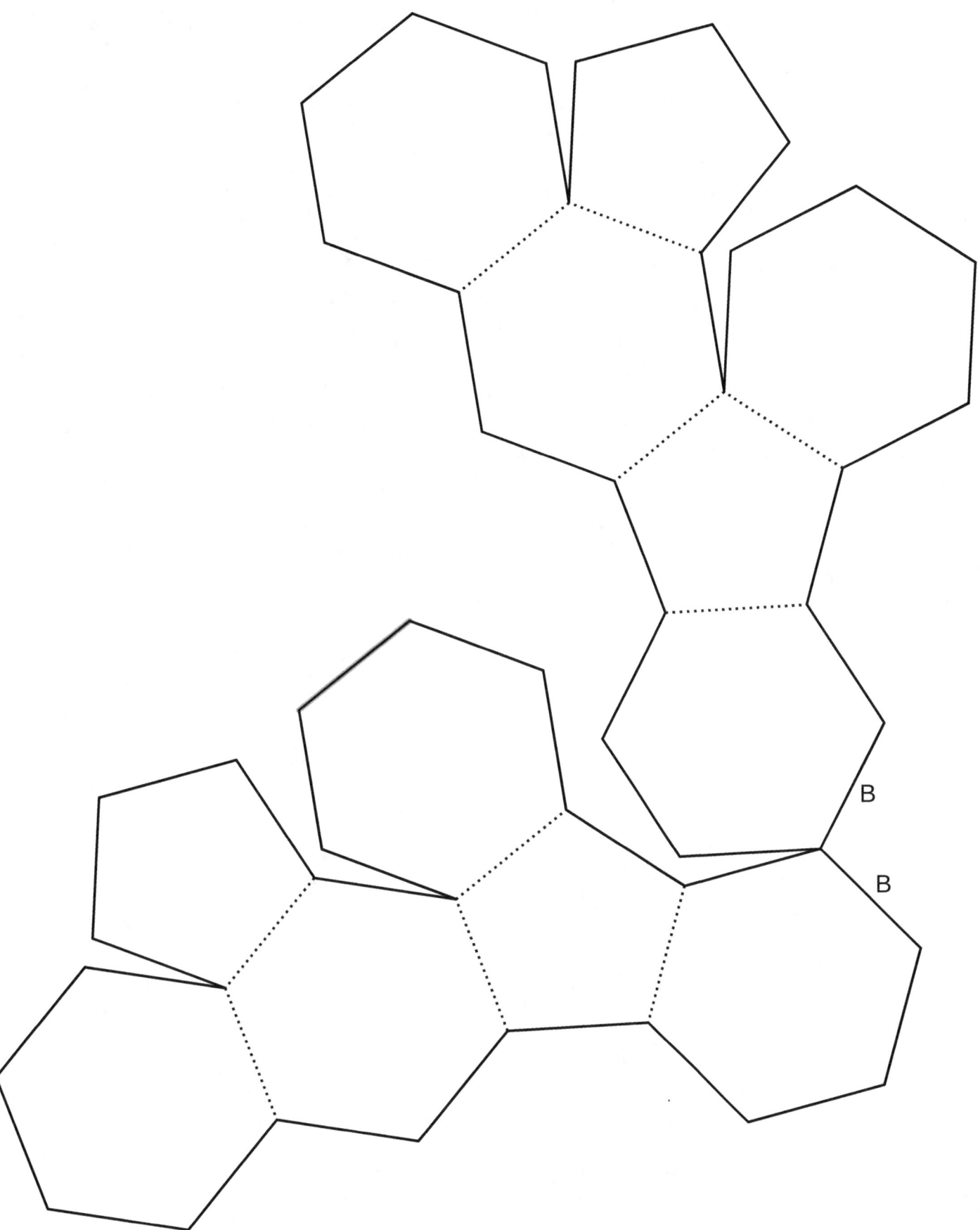

Sviluppo in piano di poliedri: Libro progetto

Icosidodecaedro troncato

Il icosidodecaedro troncato completo è stampato su tre pagine. Copiare le tre pagine, ritagliare le forme, e nastro le cinque parti insieme alla scheda A. Poi mettere insieme come normale.

1. Tagliare lungo le linee continue.
2. Piegare sulle linee punteggiate.
3. Utilizzare nastro adesivo trasparente per fissare.

Se si vuole disegnare o colorare le sviluppo piano, farlo prima di nastro insieme. Se volete decorare mediante incollaggio sulle decorazioni, il nastro insieme prima.

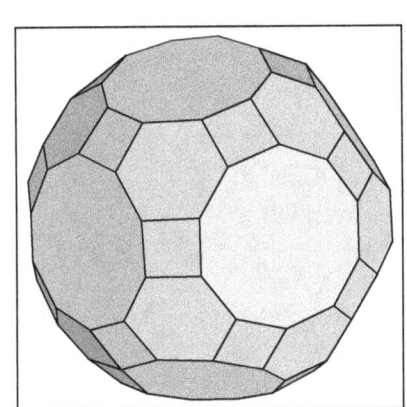

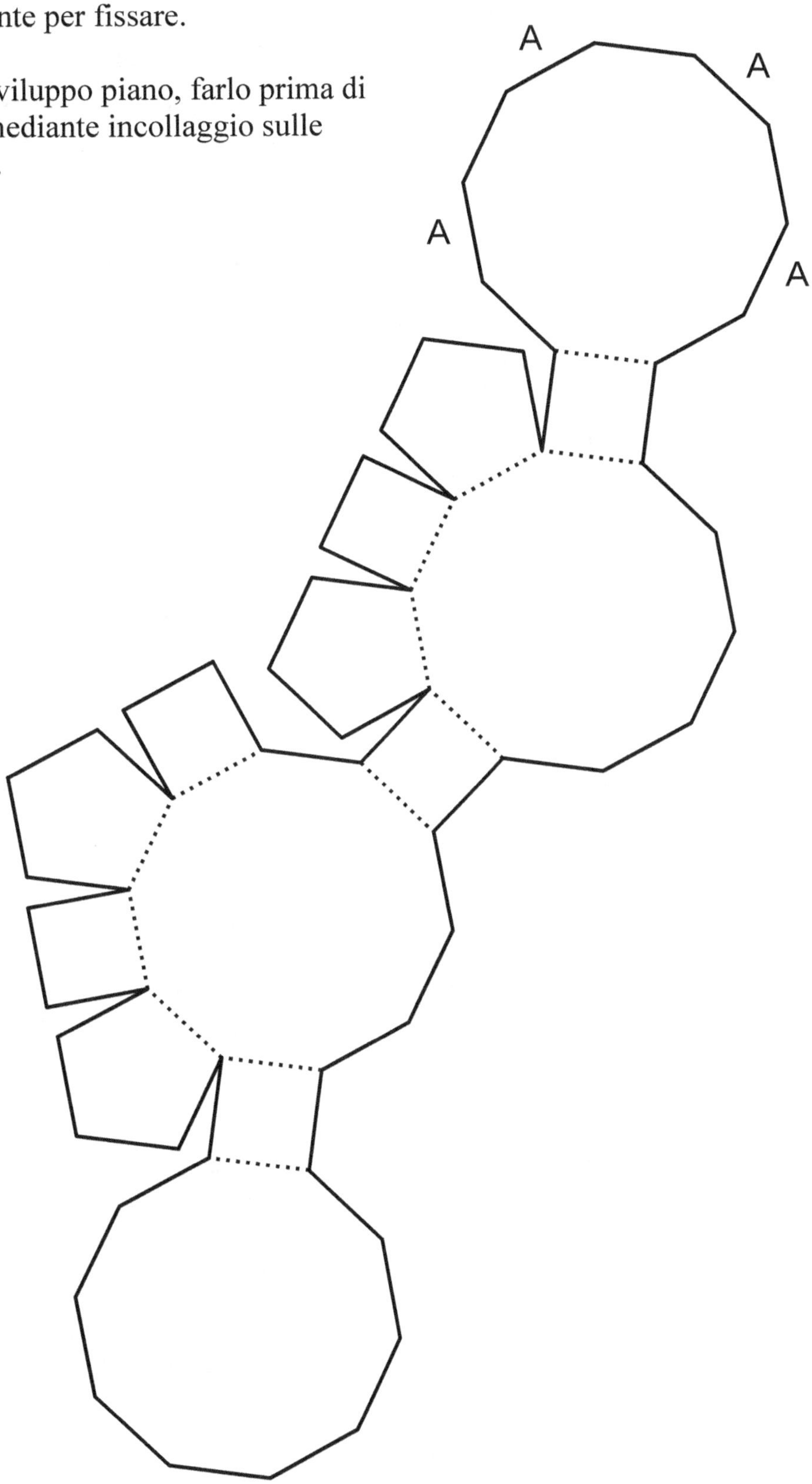

Sviluppo in piano di poliedri: Libro progetto

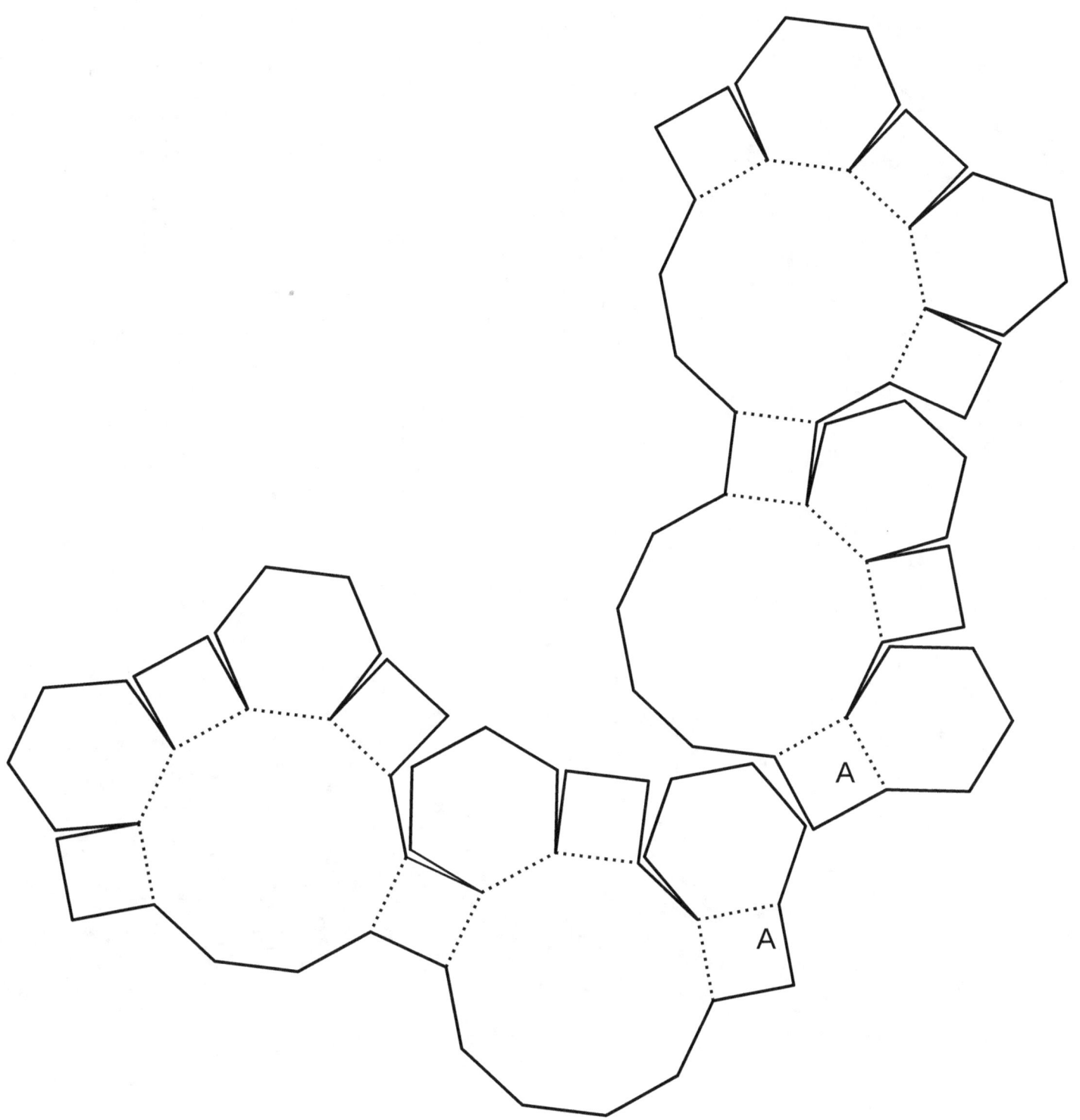

Sviluppo in piano di poliedri: Libro progetto

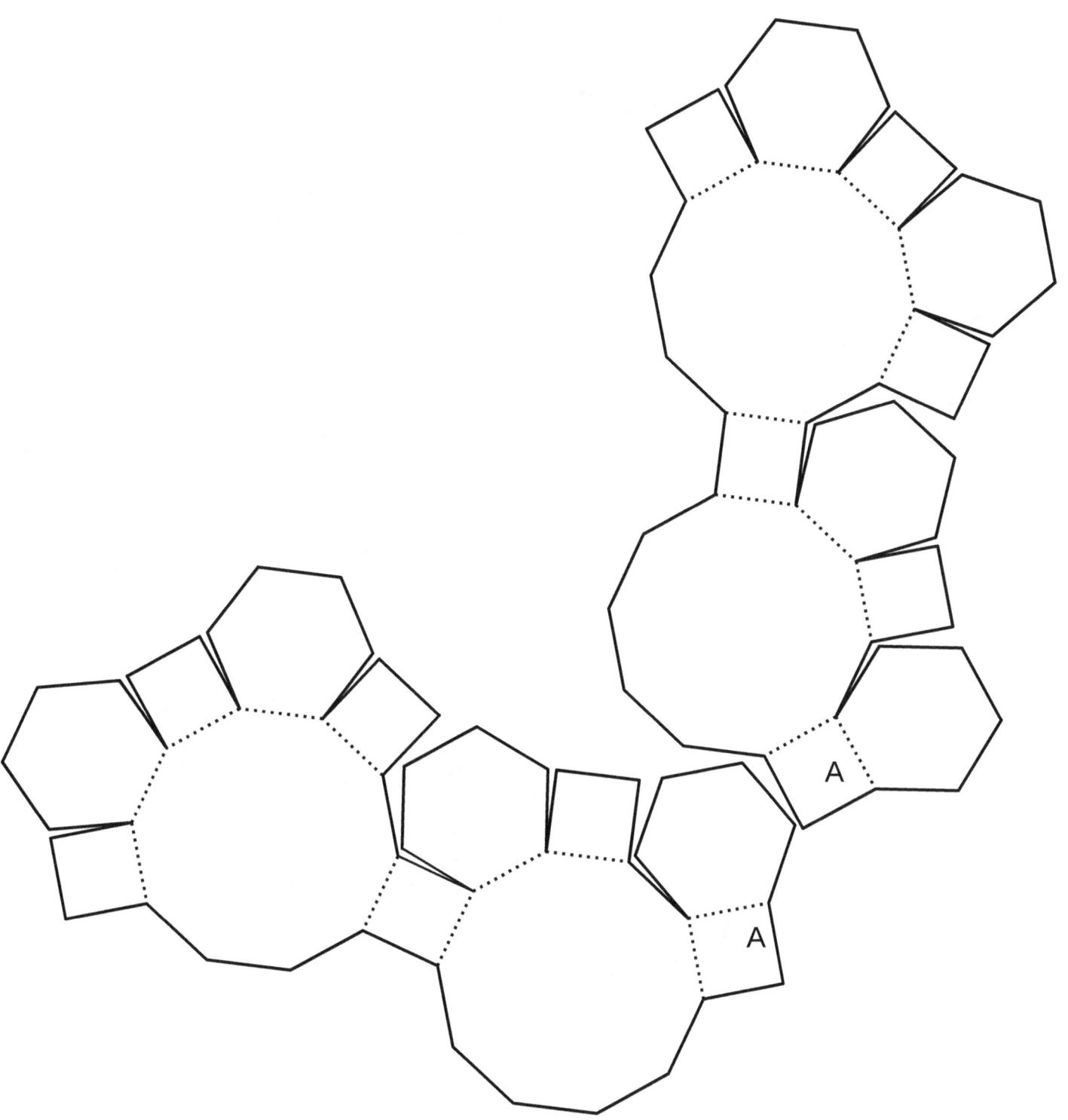

Sviluppo in piano di poliedri: Libro progetto

Ottaedro troncato

1. Tagliare lungo le linee continue.
2. Piegare sulle linee punteggiate.
3. Utilizzare nastro adesivo trasparente per fissare.

Se si vuole disegnare o colorare le sviluppo piano, farlo prima di nastro insieme. Se volete decorare mediante incollaggio sulle decorazioni, il nastro insieme prima.

Sviluppo in piano di poliedri: Libro progetto

Tetraedro troncato

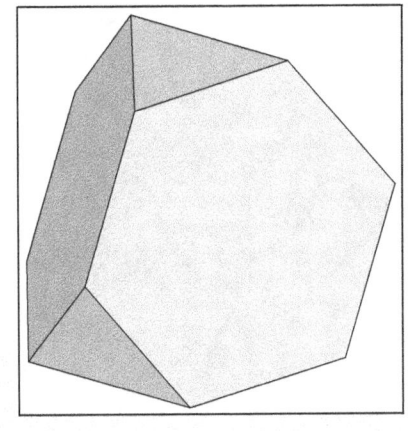

1. Tagliare lungo le linee continue.
2. Piegare sulle linee punteggiate.
3. Utilizzare nastro adesivo trasparente per fissare.

Se si vuole disegnare o colorare le sviluppo piano, farlo prima di nastro insieme. Se volete decorare mediante incollaggio sulle decorazioni, il nastro insieme prima.

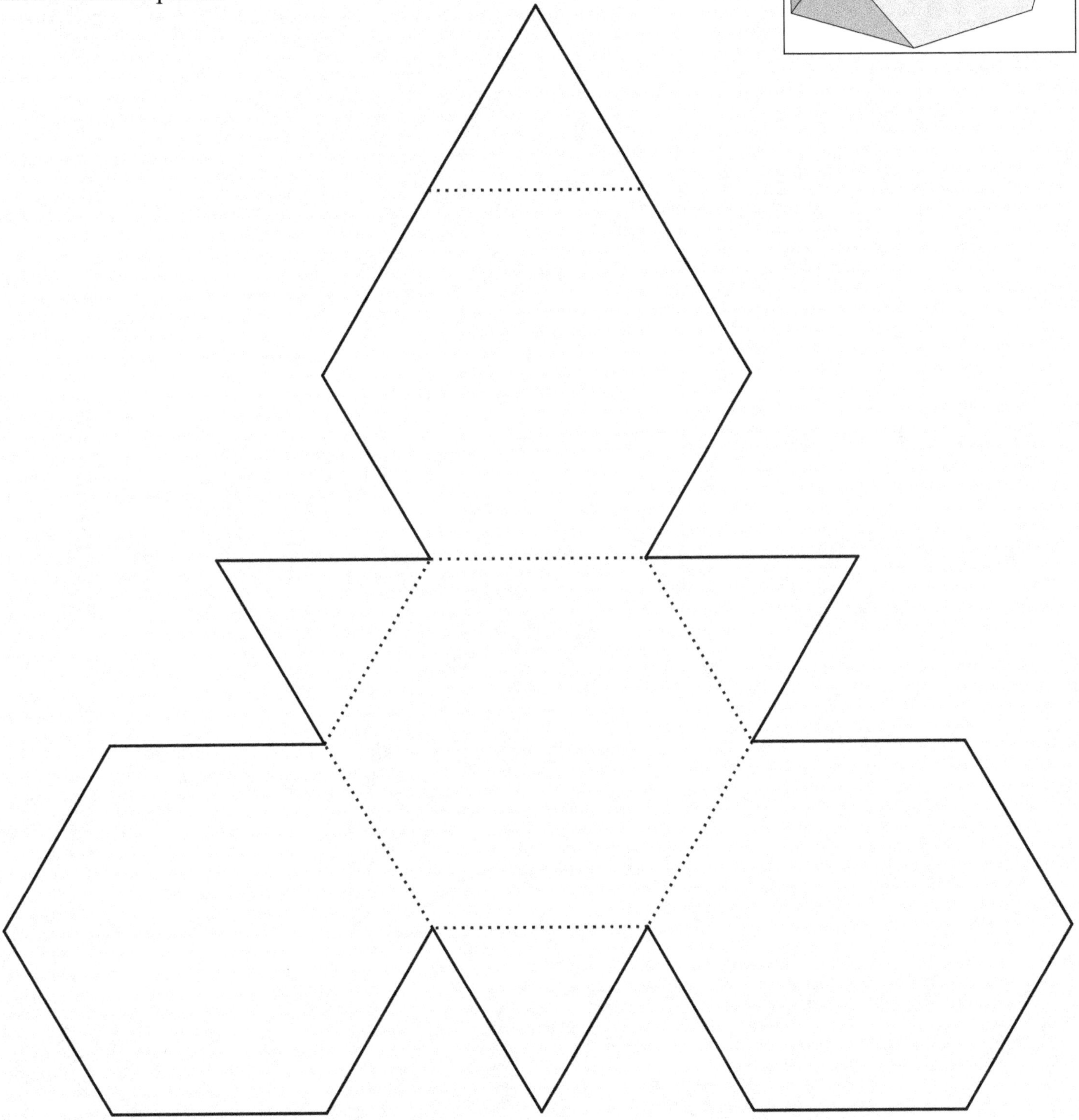

Sviluppo in piano di poliedri: Libro progetto

Piramide pentagonale stellato retto

1. Tagliare lungo le linee continue.
2. Piegare sulle linee punteggiate.
3. Utilizzare nastro adesivo trasparente per fissare.

Se si vuole disegnare o colorare le sviluppo piano, farlo prima di nastro insieme. Se volete decorare mediante incollaggio sulle decorazioni, il nastro insieme prima.

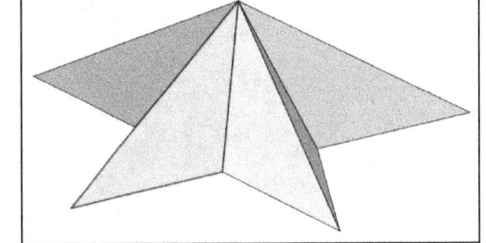

Sviluppo in piano di poliedri: Libro progetto

Trapezoedro quadrata troncato

1. Tagliare lungo le linee continue.
2. Piegare sulle linee punteggiate.
3. Utilizzare nastro adesivo trasparente per fissare.

Se si vuole disegnare o colorare le sviluppo piano, farlo prima di nastro insieme. Se volete decorare mediante incollaggio sulle decorazioni, il nastro insieme prima.

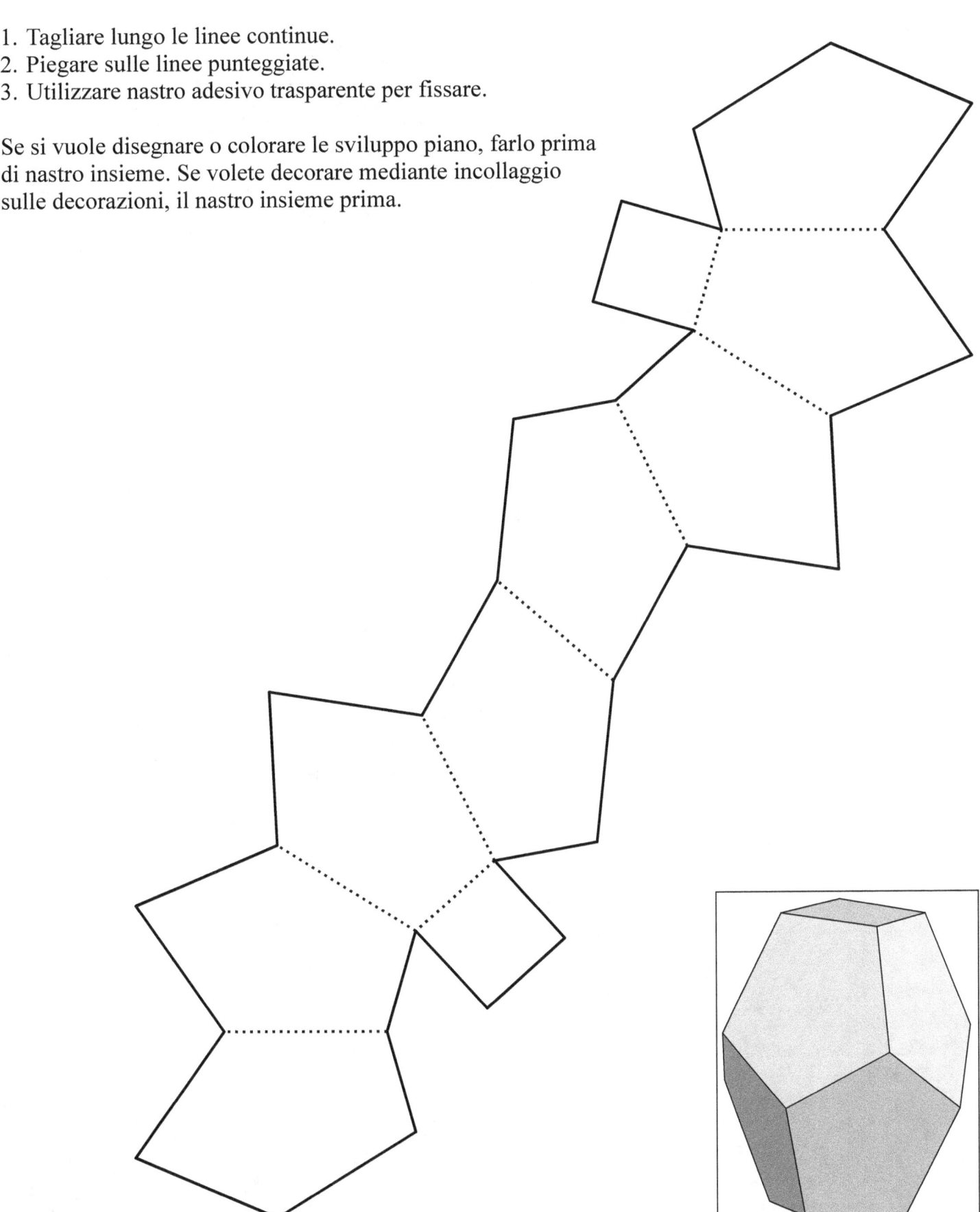

Sviluppo in piano di poliedri: Libro progetto

www.ingramcontent.com/pod-product-compliance
Lightning Source LLC
Chambersburg PA
CBHW081445070526
44586CB00019B/2237